보험과 연금,
제대로 설계하는 법

금융 전문가 7인이 말하는
당신의 미래를 위한 재정 로드맵

보험과 연금, 제대로 설계하는 법

7인의 전문가가 전하는 연금솔루션

    이 책은 7인의 연금 전문가들이 각자의 경험과 시각을 토대로 전하는 '연금설계의 지혜'를 담고자 하였다. 저마다의 전문 분야와 철학이 다르지만, 공통된 주제는 단 하나였다. 바로 '노후의 자산 준비는 더 이상 선택이 아니라 필수이며, 그 과정에서 보험은 매우 중요한 수단'이라는 사실이다.

    연금은 단순히 경제적 수단을 넘어, 불확실한 미래를 대비하는 가장 현실적인 장치다. 누구나 나이가 들고, 언젠가는 삶의 마지막을 맞이하게 된다. 이러한 인간 존재의 보편적 진실 속에서, 어떻게 하면 보다 안정적이고 존엄한 노후를 보낼 수 있을지가 우리의 공통된 과제이다. 연금전문가 7인의 목소리를 통해 우리는 바로 그 질문에 대한 다양한 해법을 듣게 될 것이다.

    전문가들 사이에는 서로 다른 견해도 존재한다. 누군가는 세제 혜택이 강력한 연금저축을 강조하고, 또 다른 이는 장기적으로 안정적인 수익률을 추구하는 보험 기반의 연금을 이야기한다. 혹은 자산 배분 차원에서 변액보험이나 달러 기반 연금보험을 제시하기도 한다. 각자의 길은 다르지만, 공통적으로 강조하는 점은 분명하다. 그것은 연금 설계의 출발은 '미래를 대비하겠다는 태도와 꾸준한 실천'에 있다는 점이다.

우리는 초고령사회에 살고 있다. 평균 수명은 점점 늘어나고, 은퇴 후에도 최소 30년 이상을 살아가야 하는 시대가 되었다. 과거에는 '노후'라는 기간이 짧았지만, 이제는 인생의 거의 절반이 노후일 수 있다. 소득이 줄어드는 시기에 어떻게 생활비를 마련하고, 의료비나 예기치 못한 위험을 대비할 것인가는 개인의 삶의 질을 결정하는 핵심 요소가 된다. 따라서 연금은 단순한 금융상품을 넘어 생애 전반을 지탱하는 기둥이자, 장수 시대의 생존 전략이라 할 수 있다.

보험은 이러한 연금 설계에서 중요한 축을 담당한다. 보험은 단순히 사고나 질병에 대한 보장을 넘어, 장기간의 자금을 안전하게 운용할 수 있는 수단이 된다. 특히 종신보험, 변액연금, 즉시연금 등은 은퇴자금 마련과 동시에 리스크 관리의 역할을 병행한다. 전문가들이 입을 모아 강조하는 이유도 여기에 있다. 연금만으로는 부족하고, 보험의 특성을 접목했을 때 비로소 안정성과 지속가능성을 갖출 수 있다는 것이다.

책을 준비하며 가장 인상 깊었던 점은, 전문가들이 서로 다른 언어와 관점을 사용함에도 불구하고 결국 하나의 결론에 이른다는 사실이었다. 바로 '연금 설계는 지금 당장 시작해야 하며, 늦을수록 불리하다'는 점이다. 복리 효과는 시간과 함께 쌓이고, 보험의 보장은 건강할 때 가입해야 충분히 누릴 수 있다. 미루는 순간 기회비용은 눈덩이처럼 커진다.

우리가 살아가는 사회는 빠르게 변하고 있다. 저출산과 고령화는 국가 차원의 문제일 뿐만 아니라 개인의 생존 전략과 직결된다. 국민연금과 같은 공적 연금 제도가 존재하지만, 이미 한계가 논의되고 있다. 이런 상황에서 스스로 준비하지 않는다면, 미래의 불확실성은 고스란히 개인의 몫이 된다. 바로 이 지점에서 민간 연금과 보험은 든든한 안전망이 된다.

이 책은 단순한 금융 지식을 나열하는 데 그치지 않는다. 연금 전문가 7인의 실질적 경험과 노하우, 그리고 수많은 상담 사례를 통해 구체적이고 현실적인 조언을 제공한다. 이를 통해 독자는 '나에게 맞는 연금 전략은 무엇인가?'라는 질문에 답을 찾을 수 있을 것이다.

결국, 인생은 늙음과 죽음을 피해갈 수 없다. 그러나 어떻게 늙어가고, 어떻게 마지막을 준비하느냐는 우리의 선택에 달려 있다. 초고령사회에 들어선 오늘날, 연금과 보험은 단순한 금융 상품이 아니라 미래의 삶을 지켜내는 동반자이다. 이 책이 바로 그 지혜를 담아내고자 하는 이유이며, 독자 여러분에게 연금설계의 첫걸음을 내딛는 용기를 주는 출발점이 되기를 바란다.

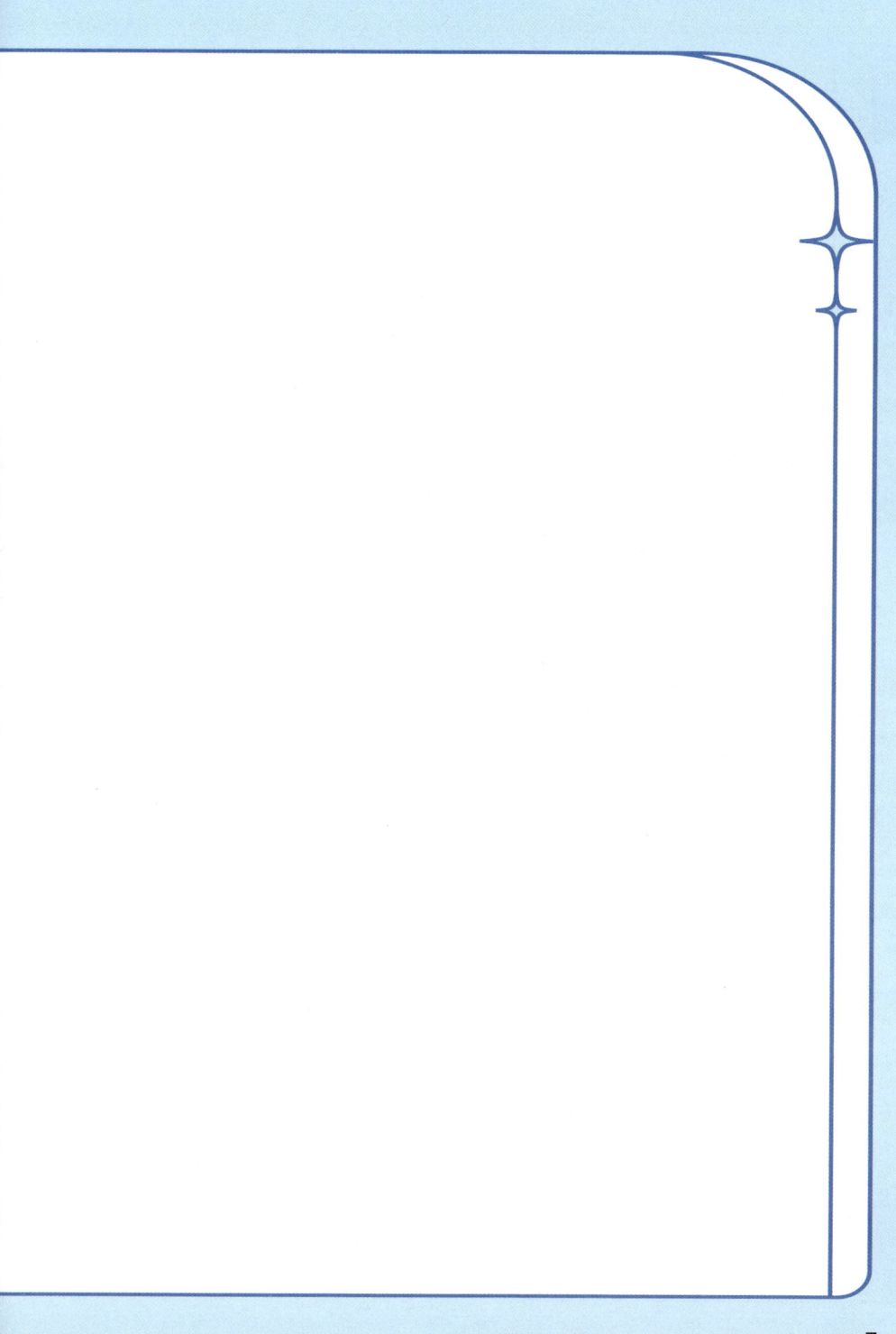

CONTENTS

강석훈 전문가의 연금솔루션
연금 4통장으로 완성하는 평생 월급법!

저자소개	016
이 글을 시작하며	017
PART 1 국민연금, 모든 국민이 혜택받는 건 아니다	019
PART 2 퇴직연금, 제대로 알고 활용하기	026
PART 3 연금의 4가지 통장, 노후 자산 준비 핵심	033

민애진 전문가의 연금솔루션
1% 수익률 차이가 만드는 은퇴 자산관리법!

저자소개	042
이 글을 시작하며	043
PART 1 연금설계의 성공법칙	044
PART 2 변액연금의 핵심 전략과 운용 가치	056
PART 3 저축성 연금 보험 비과세 조건과 준비법	066

손미현 전문가의 연금솔루션
숫자로 시작해 삶으로 완성하는 은퇴설계법!

저자소개 074
이 글을 시작하며 075
PART 1 은퇴설계, 숫자에서 시작하여 삶을 설계하다 076
PART 2 실제 은퇴설계 사례 081
PART 3 국민연금 예상 수령액 조회하기 093
PART 4 은퇴설계 빨리 시작해야 하는 이유 102
PART 5 목표 수익률 관리 방법 105

송윤석 전문가의 연금솔루션
달러연금보험으로 완성하는 글로벌 은퇴자산법!

저자소개 110
이 글을 시작하며 111
PART 1 달러연금보험, 환율과 금리에 따라 움직이는
글로벌 연금자산 112
PART 2 A사 달러연금보험의 주요 특징 116
PART 3 달러보험, 세금은 어떻게 될까? 119

PART 4 달러에 대한 이해와 향후 전망　　　　　　　　　　124

PART 5 달러 주기 이해　　　　　　　　　　　　　　　　130

PART 6 연금상품으로 달러연금보험이 좋은 이유　　　　133

PART 7 달러연금보험, 노후설계와 세대 간 증여 전략　　136

부록　　　　　　　　　　　　　　　　　　　　　　　140

유승훈 전문가의 연금솔루션
인구절벽 시대, 복수연금으로 지켜내는 노후준비법!

저자소개　　　　　　　　　　　　　　　　　　　　　　146
이 글을 시작하며　　　　　　　　　　　　　　　　　　147
PART 1 인구절벽 시대, 초고령사회에 대비한
　　　　은퇴설계 전략　　　　　　　　　　　　　　　148
PART 2 국민연금, 퇴직연금, 개인연금:
　　　　연금 3총사의 이해　　　　　　　　　　　　　151
PART 3 IRP 계좌와 연금저축계좌의 이해　　　　　　　157
PART 4 연금 목표금액 설정과 목표수익률 달성 전략　　164
PART 5 연금 운용을 잘하는 자산 배분 7가지 전략　　　172

이상현 전문가의 연금솔루션
3층 연금과 연금보험으로 완성하는 노후자산법!

저자소개	182
이 글을 시작하며	183
PART 1 인구절벽 시대의 은퇴설계 : 　　　　꼭 알아야 할 3가지 변화	184
PART 2 3층 연금쌓기가 왜 필요할까	188
PART 3 연금을 보험으로 준비해야 하는 세 가지 　　　　핵심 이유	192
PART 4 개인연금 달러연금보험과 변액연금보험 활용	200
PART 5 7%, 8% 연금상품 중 괜찮은 연금상품 　　　　고르는 방법	203
PART 6 월 300만 원 연금 수령을 위한 목표 자산 　　　　및 수익률 달성 전략	207

이영직 전문가의 연금솔루션
나만의 연금 시나리오로 완성하는 월 300만 원 노후법!

저자소개 218
이 글을 시작하며 219
PART 1 은퇴 후 월 300만 원, 나만의 연금 준비
시나리오 220
PART 2 나만의 개인연금 투자 전략 수립하기 230
부록 238

강석훈 전문가의 연금솔루션
연금 4통장으로 완성하는 평생 월급법!

강석훈

- 지금융코리아 보험관리연구소 공동대표

NAVER 블로그
https://blog.naver.com/bogwanlab

보험 인스타
www.instagram.com/bogwanlab_kang

    저자는 지금융코리아 보험관리연구소 공동대표로, 보험·연금·부동산 분야에서 쌓은 경험을 바탕으로 종합 자산 관리 전문가로 활동하고 있다.

    그는 '연금 4통장 전략'을 통해 절세·복리·분산·현금흐름을 동시에 잡는 방법을 제시하며, 후회 없는 노후를 위한 실질적 해법을 전한다. 또한 NAVER 블로그, 인스타그램 등 다양한 채널에서 누구나 이해할 수 있는 언어로 금융 지식을 나누고 있다.

    그의 목표는 단순한 재무 설계를 넘어, 삶에 안정과 풍요를 더하는 새로운 자산 관리 기준을 세우고 철학적인 브랜드로 확장하는 것이다.

이 글을 시작하며

후회 없는 노후는 오늘의 준비에서 시작된다

노후는 멀리 있는 듯 보이지만 생각보다 훨씬 빨리 다가온다. 준비 없는 은퇴는 단순히 돈이 부족한 문제가 아니라 삶의 질 전체를 흔들 수 있다.

많은 이들이 여전히 예·적금에 의존하지만, 저금리 시대의 은행은 사실상 원금 보관소에 불과하다. 세금은 매년 내야 하고 물가 상승을 따라가지 못해, 이 방식으로는 필요한 노후자금을 마련하기 어렵다.

이 책이 제시하는 해법은 연금의 4통장 전략이다. 절세와 복리를 잡는 연금저축펀드, 세액공제를 극대화하는 IRP, 한도를 넘어 추가 납입 가능한 연금저축, 세금을 줄이며 투자할 수 있는 ISA.

각각도 의미 있지만 함께 조합할 때, 절세·복리·분산·현금흐름을 동시에 누릴 수 있다. 결국 은퇴 후에도 매달 월급처럼 들어오는 평생 월급 시스템을 만드는 것이다.

30·40대에 시작하지 않으면 절세 기회와 복리 효과는 크게 줄어든다. 은퇴를 여유롭게 맞이할지, 뒤늦게 후회할지는 지금의 선택에 달려 있다.

노후 준비, 왜 연금이 답인가

우리는 평균 수명이 길어지면서 90세 이상을 사는 것이 당연한 시대에 살고 있다. 은퇴 연령을 65세 전후로 가정할 때, 은퇴 후 최소 25년에서 30년 가까운 기간을 소득 없이 살아가야 한다. 그렇다면 이 긴 시간 동안 생활비를 어떻게 충당할 수 있을까?

연구에 따르면, 평균적인 적정 노후 생활비는 매월 약 300만 원이다. 단순히 1~2년이 아니라 은퇴 이후 25년 이상을 고려한다면, 필요한 총액은 무려 9억 원에 달한다. 지금 내 손에 충분한 자산이 없다면, 반드시 별도의 준비가 필요하다는 의미다.

물론 국민연금이라는 든든한 안전망이 존재한다. 국민연금을 통해 매월 약 97만 원을 수령한다고 가정하면, 전체 생활비의 40% 수준을 충당할 수 있다. 그러나 여전히 60% 가까운 부족분이 남는다. 이 간극을 채우기 위해 퇴직연금과 개인연금, 즉 2층·3층 연금이 반드시 필요하다.

여기서 중요한 것이 바로 '복리의 힘'이다. 단리의 세계에서는 원금에만 이자가 붙지만, 복리에서는 원금과 이자가 함께 불어나기 때문에 시간이 지날수록 효과가 기하급수적으로 커진다. 예를 들어, 연 3% 수익률로 30년을 적립하면 약 9억 원을 만들 수 있지만, 연 7% 수익률로 운용한다면 그 금액은 무려 16억 원 이상으로 불어난다.

이처럼 노후 준비는 단순히 돈을 모으는 것이 아니라 얼마나 오래, 얼마나 효율적으로 불릴 수 있는가가 핵심이다. 그리고 그 출발점은 국민연금이라는 공적 안전망 위에 퇴직연금과 개인연금을 더해 '3층 연금 구조'를 쌓아 올리는 것이다.

PART 1
국민연금, 모든 국민이 혜택받는 건 아니다

1. 국민연금의 개요

우리나라의 국민연금 제도는 1988년에 도입되었다. 제도 도입 당시의 취지는 '국민 모두가 최소한의 노후 소득을 확보할 수 있도록 국가가 운영하는 사회보장제도'를 마련하는 것이었다. 따라서 국내에 거주하는 만 18세 이상, 60세 미만의 국민이라면 누구나 의무 가입 대상이 된다.

그러나 예외도 존재한다. 이미 공무원연금, 사학연금, 군인연금, 별정우체국연금 등 다른 공적 연금에 가입된 사람들은 중복 가입을 방지하기 위해 국민연금 의무 가입 대상에서 제외된다. 또한 만 27세 미만의 군인이나 학생, 혹은 일정한 소득이 없는 경우 역시 의무 가입 대상이 아니다.

다만, 의무 가입 대상에서 제외된다고 해서 국민연금에 전혀 가입할 수 없는 것은 아니다. 본인이 원할 경우 임의 가입을 통해 제도에 참여할 수 있다. 대표적으로 소득이 없는 전업주부, 대학생 등이 해당한다.

2. 국민연금 가입자의 구분

국민연금 제도는 국민의 다양한 생활 형태를 고려하여 가입자를 네 가지로 구분한다.

[국민연금 가입자 유형 한눈에 보기]

	사업장가입자	지역가입자	임의가입자	임의계속가입자
가입 조건	1명 이상 근로자를 사용하는 사업장에 근무	사업장 소속은 없으나 소득이 있는 경우	의무가입 대상이 아니나 본인 의사로 가입	만 60세 이후 연금 수급 전까지 계속 납부 원할 때
납부 방식	사업주와 근로자가 50%씩 부담	본인이 전액 부담	본인이 전액 부담	본인이 전액 부담
대상 예시	회사원, 공장 근로자 등	자영업자, 프리랜서, 농·어업 종사자 등	전업주부, 대학생, 군 복무자 등	은퇴자, 자발적 연장가입자
특징 요약	의무가입 / 급여에서 자동 공제	소득신고를 기반으로 보험료 산정	가입기간 늘리기 위한 전략적 선택	65세 이전 신청 가능 / 수령액 증대를 위한 제도적 선택

1. 사업장 가입자(직장 가입자)

1명 이상의 근로자를 사용하는 사업장에서 일하는 근로자와 사용자 모두가 해당된다. 18세 미만의 근로자라도 본인이 원하면 가입할 수 있다. 이 경우 보험료는 사업주와 근로자가 절반씩 부담한다.

2. 지역 가입자

사업장에 소속되지 않았지만 소득이 있는 사람을 말한다. 예를 들어 자영업자, 프리랜서, 농업·어업 종사자가 대표적이다. 또한 군 복무 등으로 소득이 없지만 연금 가입을 희망하는 경우에도 지역 가입자가 될 수 있다.

3. 임의 가입자

의무 가입 대상이 아님에도 불구하고 본인이 원해서 가입하는 경우다. 소득이 없는 전업주부, 대학생, 군 복무자 등이 이에 해당한다. 임의 가입은 특히 젊은 시기에 가입 기간을 늘려 두려는 사람들이 많이 활용한다.

4. 임의 가입과 임의 계속 가입의 효과

국민연금은 '가입 기간'이 길수록 유리하다. 연금액 산정 공식에서 가입 기간이 가장 중요한 변수로 작용하기 때문이다.

예를 들어 대학생 시절부터 임의 가입을 시작한다면, 최대 119개월(약 10년)을 추가로 확보할 수 있다. 이는 노후에 받게 될 연금액을 크게 늘려준다.

실제 사례로, 한 대학 선배가 임의 가입을 통해 매월 9만 원씩 10년간 납부했다. 총 납부액은 1,080만 원이었지만, 향후 20년간 받게 될 연금액은 약 8,400만 원에 달했다. 납부액의 약 7~8배에 해당하는 금액이다. 만약 93세까지 장수한다면 1억 5천만 원 이상을 수령할 수 있다. 이처럼 국민연금은 오래 살수록 훨씬 유리한 구조다.

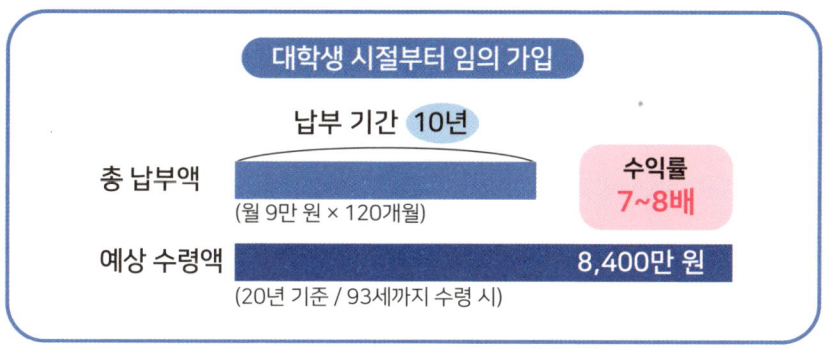

[임의 가입 효과 시뮬레이션]

5. 군 복무 추납과 크레딧

군 복무 기간은 국민연금을 납부하지 않지만, 이후에 추납을 통해 가입 기간으로 인정받을 수 있다. 단, 1988년 1월 1일 이후 복무한 기간만 가능하다.

또한 2008년 1월 이후 군 복무자는 별도로 추납을 하지 않아도 군 복무 크레딧이 적용된다. 이는 최대 6개월까지 가입 기간으로 인정되는 제도로, 군 복무자에게 유리하다.

6. 반환일시금 반납의 효과

예전에 퇴직 등으로 반환일시금을 받았더라도, 다시 국민연금에 가입하면 이를 반납하여 가입 기간을 복원할 수 있다. 반납한 기간은 그대로 인정되므로 연금 수급권을 확보할 수 있고, 최종 연금액도 늘어난다.

7. 연기연금 제도

연금은 수령 시기에 따라 금액이 달라진다.

- 60세에 조기 수령하면 매년 6%씩, 최대 30% 감액된다.
- 70세까지 늦추면 매년 7.2%씩, 최대 36% 증액된다.

즉, 건강 상태와 기대 여명을 고려해 언제 연금을 개시할지 전략적으로 선택해야 한다.

8. 공무원연금과 국민연금 비교

국민연금은 조기 수령 시 감액 폭이 크다. 1년 앞당길 때마다 6%씩 줄어들어 최대 30%까지 감액된다. 반면 공무원연금은 1년 앞당길 때마다 5%씩 줄어들어 최대 25%까지만 감액된다. 따라서 국민연금은 연금 개시 시점 선택이 훨씬 중요하다.

9. 소득대체율의 변화

국민연금 제도의 도입 초기 소득대체율은 70%였다. 즉 퇴직 전 소득의 70%를 연금으로 보장한다는 뜻이다. 그러나 제도의 지속 가능성을 위해 점차 조정되어, 1999년에는 60%, 2008년에는 50%, 2025년에는 41.5%, 2028년에는 40%로 낮아진다.

이는 국민연금만으로는 충분한 노후 생활이 어렵다는 의미이며, 개인연금·퇴직연금 등 사적 준비의 필요성을 강조하는 배경이 된다.

10. 국민연금과 건강보험·기초연금

1. 건강보험과의 관계

국민연금 수령액이 많아지면 건강보험 피부양자 자격에서 탈락할 수 있다. 소득이 일정 기준(연 2,000만 원)을 넘으면 지역 가입자로 전환되어 본인이 직접 건강보험료를 부담해야 한다. 이 경우 노후 생활비 부담이 커질 수 있다.

2. 기초연금과의 관계

기초연금은 만 65세 이상 저소득 노인에게 지급되는 제도다. 그러나 국민연금 수령액이 일정 기준을 넘으면 기초연금이 감액되거나 지급 대상에서 제외될 수 있다. 2025년 기준, 기초연금은 월 343,510원의 1.5배를 초과할 경우 감액된다.

PART 2
퇴직연금, 제대로 알고 활용하기

1. 퇴직연금의 필요성

　퇴직연금은 근로자가 퇴직 후 안정적으로 노후 생활을 할 수 있도록 마련된 제도이다. 과거에는 퇴직 시 일시금으로 받는 경우가 대부분이었지만, 최근에는 장기간 연금으로 나누어 받는 방식이 적극적으로 권장되고 있다. 연금으로 수령하면 세금 부담이 줄어들 뿐 아니라, 안정적인 현금 흐름을 통해 생활비를 보장받을 수 있기 때문이다.

　퇴직연금은 크게 확정급여형(DB형), 확정기여형(DC형), 개인형 퇴직연금(IRP)으로 나뉜다.

[퇴직연금 유형별 비교]

구분	확정급여형(DB형)	확정기여형(DC형)	개인형퇴직연금(IRP)
운용 주체	회사(사용자)	근로자 본인	근로자 본인
책임 주체	회사 (퇴직금 약정액 보장)	근로자(수익에 따라 연금액 달라짐)	본인 (투자 손익에 따라 자산 변동)
주요 특징	퇴직 시 평균임금 × 근속연수로 산정	회사가 불입, 근로자가 직접 운용	퇴직금 이체 + 개인 납입 가능
대상자	주로 공공기관, 일부 대기업	대부분의 민간기업	모든 근로자 (이직자, 퇴직자 포함)
활용 포인트	안정적이지만 수익률 낮음	운용 전략 따라 수익률 달라짐	세액공제 혜택 / 자유롭게 추가 납입

DB형은 회사가 운용 책임을 지는 방식이고, DC형은 근로자가 투자 성과에 따라 수익을 얻는 구조다. IRP는 근로자가 직접 개설할 수 있는 계좌로, 퇴직금을 이관하거나 개인이 추가 납입할 수도 있다.

2. 퇴직연금 수령 방식
　퇴직연금의 수령 방식은 다양하다. 기본적으로는 금액 지정 방식과 기간 지정 방식으로 구분된다.

- **금액 지정 방식**: 일정한 금액을 정해 연금으로 나누어 받는 방식이다. 예를 들어 매달 100만 원씩 받는 식이다.
- **기간 지정 방식**: 미리 기간을 정해 놓고 그 기간 동안 나누어 받는 방식이다. 예를 들어 10년 동안 매달 일정액을 받는 식이다.
- **보험 계약 방식**: 연금을 종신형, 정액형, 상속형 등 보험 상품과 연계해 받는 방법이다. 종신형은 가입자가 사망할 때까지 평생 연금을 지급하며, 상속형은 사망 시에도 유족이 일정 금액을 이어받을 수 있다.

[국민연금 수령액 증대를 위한 전략]

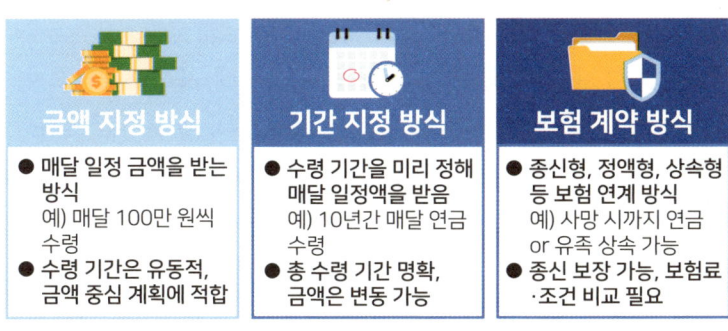

3. 세금과 절세 전략

퇴직금을 일시금으로 수령할 경우 퇴직소득세가 부과된다. 그러나 연금으로 수령하면 세율이 크게 낮아진다. 예를 들어 퇴직금을 20년 동안 나누어 받을 경우, 적용 세율은 약 3.3~5.5% 수준에 불과하다. 일시금으로 받았을 때보다 훨씬 유리한 구조다.

[일시금 vs 연금 수령 시 세금 차이]

일시금 수령
- 퇴직소득세 (1회 과세)
- 누진세 적용 가능
- IRP 활용 가능
  (이체 후 과세 이연 가능)
- 세금 절감 X
- 단기 자금 필요 시 유리

연금 수령
- 연금소득세 (분할 과세)
- 약 3.3~5.5%로 낮음
- IRP 활용 가능
  (이체 후 연금 수령 시 과세 유리)
- 세액공제 가능
  (최대 연 700만 원 납입 기준)
- 장기 수령 시 절세 효과 큼, 복리 운용 가능

또한 IRP 계좌를 활용하면 퇴직금을 이체해 세금 납부를 이연할 수 있고, 추가 납입을 통해 세액공제 혜택까지 받을 수 있다. 연간 최대 700만 원까지 세액공제를 받을 수 있으며, 소득 수준에 따라 13.2%~16.5%의 공제율이 적용된다.

4. 연금 개시 시기와 유불리

퇴직연금을 언제부터 수령할지는 단순한 선택이 아니라 노후 생활의 안정성과 직결되는 중요한 문제다. 법적으로는 만 55세 이후부터 연금을 받을 수 있지만, 수령 시점을 어떻게 설정하느냐에 따라 평생 받는 금액에 큰 차이가 난다.

예를 들어, 60세부터 연금을 받기 시작하는 경우와 65세부터 받는 경우를 비교해 보자. 후자의 경우 월 지급액이 최대 30% 이상 더 많아진다. 이는 가입자가 오랫동안 자금을 운용할 수 있어 복리 효과가 반영되기 때문이다.

다만, 연금을 늦게 받는다고 해서 무조건 유리한 것은 아니다. 건강 상태, 은퇴 시기, 생활비 필요 여부에 따라 달라진다. 건강이 좋지 않거나 조기 은퇴로 생활비가 절실하다면 일찍 받는 것이 합리적일 수 있고, 반대로 여유 자금이 충분하고 장수 가능성을 고려한다면 수령 시기를 늦추는 전략이 더 유리할 수 있다. 따라서 개인 상황을 종합적으로 고려해 전략적으로 결정하는 것이 중요하다.

[연금 개시 시점별 월 수령액 차이(예시)]

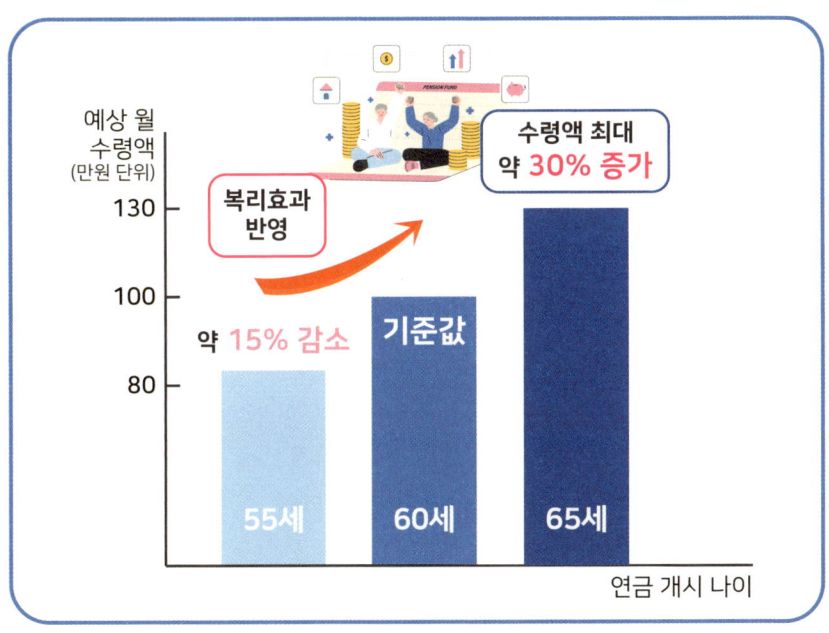

5. 중도 해지와 예외 상황

　퇴직연금은 기본적으로 노후 보장을 위한 제도이므로 중도 인출은 제한된다. 그러나 삶의 예상치 못한 상황에서 불가피하게 자금을 꺼내야 하는 경우가 있을 수 있다. 이를 위해 법에서는 몇 가지 예외 사유를 허용한다.

　대표적으로는 '무주택자의 주택 구입', '본인이나 배우자의 치료비 지출', '파산이나 개인회생'과 같은 불가피한 경제적 위기 상황이 있다. 이 경우 일부 인출이 가능하지만, 일반적인 연금소득세(3.3~5.5%)가 아니라 기타소득세 16.5%가 부과된다. 이는 단순한 생활비 마련을 목적으로 중도 해지를 막기 위해 마련된 규정이다. 따라서 중도 인출은 최후의 수단으로만 고려하는 것이 바람직하다.

6. 퇴직연금과 다른 연금 제도의 연계

　퇴직연금 하나만으로는 안정적인 노후 생활을 보장하기 어렵다. 국민연금·퇴직연금·개인연금이라는 3층 구조가 조화를 이루어야 한다.

- 국민연금은 기본적인 생활비를 책임지는 '1층 안전망' 역할을 한다.
- 퇴직연금은 직장에서 쌓은 자산을 활용해 은퇴 후 생활 수준을 유지하는 '2층 기둥'이다.
- 개인연금은 부족한 부분을 보완하고 여유 자금을 마련하는 '3층 보강재'라고 볼 수 있다.

　이렇게 3층 연금이 균형 있게 준비되어야만 안정적인 재무 설계가 가능하다. 어느 한쪽에만 의존하는 것은 위험하며, 서로의 장점을 보완하는 방식으로 설계하는 것이 바람직하다.

7. 절세형 퇴직연금 운용 전략

퇴직연금을 단순히 원리금 보장형 상품에만 맡겨두는 것은 매우 소극적인 운용 방식이다. 장기적으로는 인플레이션에 의해 실질 가치가 줄어들 위험이 크기 때문이다. 따라서 세제 혜택을 적극적으로 활용하면서, 일정 부분은 ETF·펀드·채권 등에 분산 투자하는 전략이 필요하다.

특히 IRP 계좌는 세액공제 한도가 높아 절세 효과를 극대화할 수 있다. 근로자가 연간 납입액 한도 내에서 세액공제를 받으면, 현재의 세금 부담을 줄이는 동시에 미래 자산을 불려 가는 이중의 효과를 얻을 수 있다. 결국 퇴직연금은 단순한 '퇴직금 보관 창구'가 아니라, 세금 혜택과 복리 효과를 동시에 누릴 수 있는 전략적 자산관리 도구로 이해해야 한다.

8. 퇴직 후 연금과 세금의 관계

퇴직연금을 수령할 때는 반드시 세금 체계를 고려해야 한다. 일시금으로 받는 경우, 퇴직소득세가 한 번에 부과된다. 반면, 연금 형태로 나누어 받으면 낮은 세율의 연금소득세가 적용된다. 연금소득세율은 일반 근로소득세율보다 낮은 3.3~5.5% 수준이므로, 은퇴 후 소득이 줄어드는 상황에 적합하다.

또한 장기간에 걸쳐 연금으로 수령하면 세금 부담이 더 줄어든다. 예를 들어 10년 이상 연금으로 나누어 받으면 총세액이 줄어들 뿐 아니라, 과세 시점이 늦춰져 과세 이연 효과까지 기대할 수 있다. 즉, 퇴직연금은 단순히 '받는 돈'이 아니라, 세금 구조를 고려해 최적화된 방식으로 수령해야 하는 자산이다.

9. 퇴직연금과 주택·노후 생활 자금의 연결

많은 사람들이 노후 자산을 국민연금과 퇴직연금에만 의존하려 하지만, 현실적으로 주택 자산이 큰 비중을 차지하는 경우가 많다. 이때 주택연금(역모기지)을 퇴직연금과 함께 활용하면 생활 안정성이 크게 높아진다.

예를 들어 퇴직연금으로는 고정적인 생활비를 확보하고, 주택연금으로는 의료비나 돌발 지출을 대비하는 방식이다. 이런 조합은 특히 은퇴 이후 갑작스러운 생활비 증가나 장수 리스크에 대비할 수 있는 효과적인 방법이다. 결국 퇴직연금은 독립된 제도가 아니라, 주택연금, 국민연금, 개인연금과 종합적으로 연계할 때 시너지가 극대화된다.

10. 퇴직연금 활용의 미래 전략

앞으로 퇴직연금의 중요성은 더 커질 수밖에 없다. 고령화 속도가 빠른 한국 사회에서 국민연금만으로는 충분하지 않으며, 퇴직연금이 사실상 제2의 노후 안전망 역할을 하게 될 것이다.

이에 따라 개인은 퇴직연금을 단순히 '퇴직 후 받는 돈'이 아니라, 은퇴 전부터 적극적으로 운용해야 하는 투자 자산으로 이해해야 한다. 중도 인출을 최소화하고, 세액공제 혜택을 최대한 활용하며, 장기적으로 분산 투자하는 전략이 필요하다. 특히 인플레이션, 저금리, 경기 변동 같은 외부 환경 변화에 맞추어 자산 배분 전략을 꾸준히 점검해야 한다.

궁극적으로 퇴직연금은 국민연금, 개인연금, 주택연금과 함께 한국인의 노후 생활을 지탱하는 네 개의 기둥이 될 것이다. 이 제도를 어떻게 활용하느냐에 따라 은퇴 후 삶의 질이 달라진다. 따라서 지금부터라도 퇴직연금에 대한 이해를 높이고, 장기적 관점에서 체계적으로 준비하는 것이 가장 현명한 노후 대비 전략이다.

PART 3
연금의 4가지 통장, 노후 자산 준비 핵심

왜 4개의 통장이 필요한가?

많은 사람들이 노후 준비를 은행 적금이나 예금으로만 생각한다. 그러나 저금리 시대에 은행 예금은 사실상 '원금 보관소'에 불과하다. 수익률은 낮고, 세금은 꼬박꼬박 내야 한다. 이렇게 해서는 3억~5억 원 이상 필요한 노후 자금을 마련하기 어렵다.

이때 반드시 고려해야 할 전략이 바로 '4개의 통장 체계'이다.

- **연금저축펀드(세액공제형)**: 절세와 복리를 동시에 잡는 노후 준비의 핵심
- **저축형 IRP**: 연금저축과 합산해 세액공제를 극대화하는 통장
- **세액공제 없는 연금저축**: 공제 한도 이후 추가 납입을 위한 선택지
- **ISA(개인종합자산관리계좌)**: 세금 없는 만능 투자 통장

이 네 가지 계좌는 서로 다른 역할을 하지만, 함께 활용할 때 노후 현금흐름을 가장 안정적이고 효율적으로 마련할 수 있다.

첫 번째 통장: 연금저축펀드(세액공제형)

연금저축은 노후 준비를 시작하는 사람이라면 가장 먼저 개설해야 하는 계좌이다. 특히 펀드형이 효율적이다.

구분	내용
납입 한도	연 600만 원
세액공제율	총급여 5,500만 원 이하: 16.5% 그 이상: 13.2%
정기납	연 600만 원 납입 시 최대 99만 원 세액공제
절세 효과	20년 유지 시 약 2,000만 원 절세

연금저축펀드는 낮은 수수료, 다양한 투자 상품, 장기 복리라는 장점을 갖는다. 예를 들어, 매월 50만 원씩 30년간 5% 수익률로 투자하면 약 4억 원의 자산을 만들 수 있다. 단순히 절세 상품을 넘어, 노후에 매월 생활비를 충당할 '제1의 월급통장' 역할을 한다.

두 번째 통장: 저축형 IRP

IRP(개인형 퇴직연금)는 본래 퇴직금을 관리하는 계좌이지만, 저축형 IRP는 개인이 스스로 납입할 수 있는 통장이다.

구분	내용
납입 한도	연 900만 원 (연금저축과 IRP 합산 시)
세액공제 혜택	최대 148만 원 절세
활용 전략	연금저축과 반드시 병행해야 효과 극대화

예를 들어, 연금저축에서 600만 원을 채우고 IRP에 300만 원을 추가 납입하면 세액공제 한도를 꽉 채울 수 있다. 소득세를 매년 돌려받으면서, 노후 자금도 동시에 마련되는 구조이다.

[연금저축 + IRP, 세액공제 극대화]

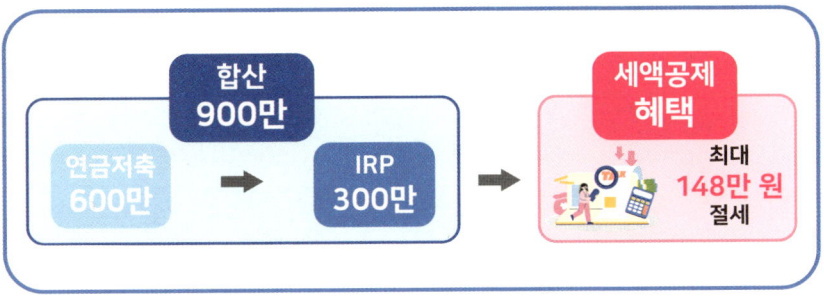

세 번째 통장: 세액공제 없는 연금저축

"세액공제가 안 되는데 왜 필요할까?"라고 묻는 사람들이 있다. 그러나 공제 한도를 이미 채운 사람이라면 추가 납입 수단으로 세액공제 없는 연금저축도 고려할 수 있다.

다만 주의할 점이 있다. 일부 상품은 사업비가 높아 실질 수익률이 낮다. 따라서 세액공제 없는 연금저축을 활용할 때는 반드시 사업비·수수료가 낮은 상품을 선택해야 한다.

이 계좌는 '한도 이후의 선택지'라는 점에서 가치가 있다. 세액공제는 없지만, 연금으로 운용되기 때문에 장기 복리와 노후 현금흐름 측면에서 긍정적이다.

네 번째 통장: ISA(개인종합자산관리계좌)

ISA는 흔히 '세금 없는 만능 통장'으로 불린다. 다른 연금계좌와 달리 즉각적인 세액공제는 없지만, 계좌 내에서 발생하는 수익에 대해 비과세와 저율 분리과세 혜택을 제공한다.

구분	내용
납입 한도	연 2,000만 원, 최대 1억 원
세제 혜택	일반형 200만 원, 서민형·농어민형 400만 원까지 비과세
추가 혜택	초과 수익에 대해서도 9.9% 분리과세 (일반 금융소득세율 대비 절반 이하)
활용 전략	ISA에서 3년 이상 운용 후 연금저축·IRP로 이체 시 추가 세제 혜택

즉, ISA는 단기·중기 자금 관리를 하면서도 연금계좌와 연결하여 장기적인 절세 효과까지 이어갈 수 있는 브릿지 역할을 한다.

4개의 통장을 조합하는 전략

각 통장은 단독으로도 의미가 있지만, 함께 조합해야 진정한 힘을 발휘한다.

1. 연금저축펀드로 기본 세액공제를 받고, 장기 복리를 누린다.
2. 저축형 IRP로 연금저축 한도를 넘어선 추가 세액공제를 확보한다.
3. 세액공제 없는 연금저축으로 초과 납입분을 장기 연금화한다.
4. ISA를 통해 단기·중기 투자와 세제 혜택을 누리고, 이후 연금계좌로 이체해 절세 효과를 이어간다.

네 개의 통장을 조합하면 단순한 절세 이상의 효과가 나타난다.

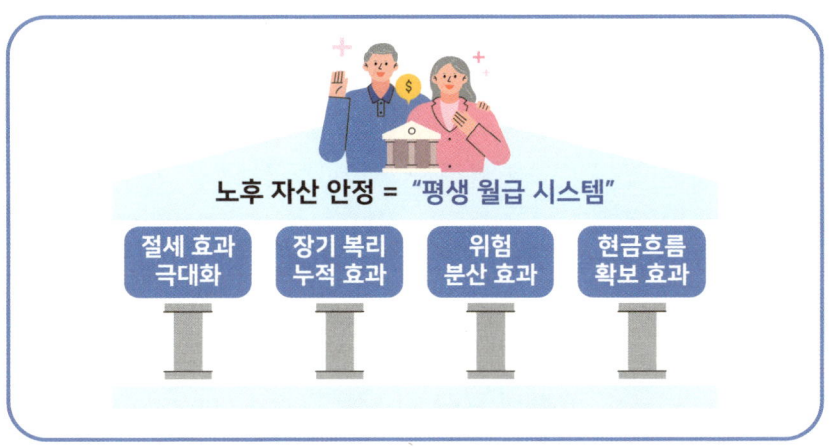

첫째, 절세 효과의 극대화이다. 연금저축과 IRP를 합쳐 최대 900만 원까지 납입하면, 매년 최대 148만 원의 세금을 절약할 수 있다. 이 절세 효과는 단순히 세금을 줄이는 데서 그치지 않고, 절약된 금액을 다시 투자로 연결해 복리의 힘을 더욱 키운다.

둘째, 장기 복리 누적 효과이다. 연금저축펀드와 IRP는 장기간 유지할수록 복리 효과가 눈덩이처럼 불어나는데, 여기에 세제 혜택까지 더해지면 동일한 금액을 납입하더라도 단순 예금 대비 수천만 원 이상의 자산 차이를 만들어낸다. 세액공제를 통해 돌려받은 세금을 재투자하면 그 효과는 더욱 배가된다.

셋째, 위험 분산 효과이다. 연금저축과 IRP가 장기적이고 안정적인 자산 운용에 초점을 맞춘다면, ISA는 다양한 금융상품에 투자할 수 있어 단기·중기 자금 운용에 유연성을 제공한다. 이를 통해 안정성과 성장성을 동시에 추구할 수 있으며, 특정 시장 상황에 따른 리스크도 효과적으로 분산시킬 수 있다.

넷째, 현금흐름 확보 효과이다. 은퇴 후에는 네 개의 통장에서 월급처럼 꾸준히 연금이 들어오게 된다. 연금저축펀드와 IRP는 장기 연금소득을 제공하고, 세액공제 없는 연금저축은 추가적인 연금소득을 보완한다. ISA는 투자 수익을 통해 단기적인 현금흐름을 만들어주거나, 연금계좌로 이체해 장기 소득으로 전환할 수 있다. 결국 이 네 개의 통장을 조합하면 은퇴 이후에도 매달 안정적으로 생활비를 충당할 수 있는 '평생 월급 시스템'을 완성할 수 있다.

[평생 월급 시스템 구조]

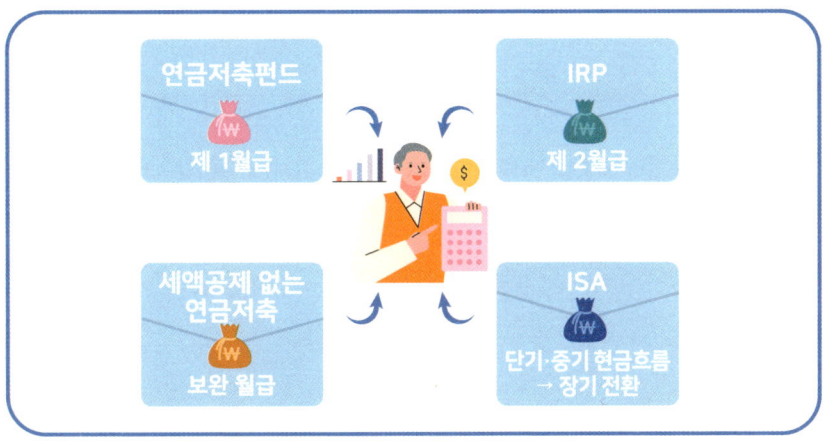

정리하자면, 4개의 통장은 각각 독립적으로도 의미가 있지만, 함께 조합할 때 절세, 복리, 분산, 현금흐름이라는 네 가지 핵심 가치를 동시에 실현한다. 매년 수십만 원에서 많게는 수백만 원까지 세금을 절약하면서, 이 절약된 금액을 다시 투자 재원으로 활용한다면 20년, 30년 후에는 안정적이고 풍요로운 노후가 가능하다. 결국 연금 부자로 가는 가장 확실한 길은 네 개의 통장을 전략적으로 운용하는 데 있다.

노후는 먼 미래의 이야기가 아니다. 지금 30대, 40대에 시작하지 않으면 50대 이후에는 절세 기회를 놓치고, 복리 효과를 충분히 누릴 수 없다.

따라서 오늘 당장 첫 발걸음을 떼야 한다. 은행 예금에만 의존하지 말고, 연금저축펀드·저축형 IRP·세액공제 없는 연금저축·ISA라는 4개의 통장을 만들어 전략적으로 운용해야 한다.

이 네 가지 통장은 단순한 금융상품이 아니라, 노후를 지켜줄 든든한 안전망이자 연금 부자로 가는 가장 확실한 길이다.

민애진 전문가의 연금솔루션
1% 수익률 차이가 만드는 은퇴 자산관리법!

민애진
- 더베스트금융서비스 팀장
- 연금상담전문가(CPE)
- SBSBiz '나를 지키는 보험이야기' 출연
- SBSBiz '머니살롱' 자문위원
- MBC '퇴근길톡톡' 자문위원

　100세 시대, 은퇴 설계는 더 이상 선택이 아닌 생존 전략이다. 저자는 보험과 연금을 단순한 재무 수단이 아닌 삶을 지키는 안전망으로 바라본다.

　현재 더베스트금융서비스 팀장으로 활동하며, SBSBiz '머니살롱'과 MBC '퇴근길톡톡' 자문위원으로 참여해온 그녀는 안정성과 수익성을 동시에 고려한 종합 재무 전략을 꾸준히 제시해왔다.

　저금리·인플레이션 시대에 작은 수익률 차이가 노후 삶의 질을 좌우한다는 점을 강조하며, 지금의 현명한 결정이 곧 은퇴 이후 삶을 바꾼다는 신념으로 고객과 함께 미래를 설계하고 있다.

이 글을 시작하며

100세 시대, 은퇴 설계는 선택이 아니라 생존 전략이다

오늘 중요한 질문은 '얼마나 오래 사느냐'가 아니라 '얼마나 안정적인 소득으로 살아가느냐'다. 은퇴 후 수십 년을 생각하면 단순한 저축만으로는 부족하다. 해답은 '연금'이다.

여전히 많은 이들이 은행 예금·적금만으로 준비하지만, 저금리·인플레이션 시대에는 사실상 '안전한 손실'이다. 반대로 단 1%라도 높은 수익률을 만든 사람은 은퇴 자금 규모가 수억 원 차이 날 수 있다. 작은 차이가 노후 삶의 질을 바꾼다.

따라서 안정성과 수익성을 동시에 고려해야 한다. 보험 연금은 장수 리스크 보장, 세제 혜택, 최저보증 기능 등으로 구조적 균형을 갖춘 수단이다. 여기에 주식·채권·국내외 자산, 달러 자산까지 분산투자 전략을 더하면 안정성과 성장을 함께 잡을 수 있다.

연금 준비는 단순한 저축이 아니라 미래 삶과 가족 안정을 설계하는 일이다. 지금의 작은 결정이 은퇴 이후 삶을 바꾸는 힘이 된다. 연금은 이제 선택이 아닌 생존 전략이다.

PART 1
연금설계의 성공법칙

100세 시대, 이제는 '얼마나 오래 사느냐'보다 '얼마나 안정적인 소득으로 살아가느냐'가 더 중요한 시대가 되었다. 은퇴 이후 30년 이상의 인생을 살아가야 한다면, 이를 뒷받침할 준비는 반드시 필요하다. 그리고 그 준비의 핵심은 연금이다.

그런데 단순히 연금을 준비하는 것만으로는 부족하다. 어떻게 준비하느냐에 따라 결과는 완전히 달라질 수 있기 때문이다. 그중에서도 보험을 통한 연금 준비는 구조적으로 탁월한 장점을 가지고 있으며, 일반 금융상품과는 차별화되는 몇 가지 강력한 이유가 있다. 그 핵심은 바로 가입 시점의 경험생명표 적용, 세제상 비과세 혜택, 그리고 최저보증 기능을 포함한 안정성과 수익성의 조화이다.

연금설계의 성공법칙(1)
수익률 1%의 차이가 만드는 은퇴의 격차

"저는 가까운 은행에서 꾸준히 저축하고 있어요. 은행 예금은 안전하잖아요."

결혼한 지 얼마 되지 않은 김대리는 신혼여행에서 돌아오자마자 아내와의 행복한 노후를 위해 은퇴계획 상담을 요청했다. 그동안 그는 급여가 입금되는 주거래 은행만 이용해왔다. 집과 회사 근처에 지점이 있어 방문이 편했고, 익숙하기도 했다. 그래서 이번에도 은퇴 준비를 위해 같은 은행에서 저축을 시작하려 했다. 하지만 나는 그에게 다른 제안을 했다. 버스를 타고 10정거장이나 가야 하는 증권사에 방문해 상품을 가입하고, 생소한 투자 용어를 배우며 꾸준히 경제 세미나에도 참석해 보라고 권했다. 처음에는 낯설고 귀찮게 느껴질 수 있지만, 은퇴자금을 더 크게 불리려면 반드시 '노력'이 필요하다는 것을 알려주고 싶었기 때문이다.

1%의 수익률, 그 작지만 큰 힘

특판금리 상품이 나올 때 은행 창구 앞에 길게 줄이 늘어선 모습을 본 적이 있을 것이다. 고작 0.25% 더 주는 상품이라도, 고객들은 한정된 가입 기회를 잡기 위해 이른 아침부터 기다린다. 마찬가지로, 경제 세미나를 예약 없이 가면 자리가 없어 발길을 돌려야 하는 경우도 많다.

이렇게 현명한 투자자들이 시간을 쓰고 발품을 파는 이유는 단 하나다. 수익률 1%라도 더 얻기 위해서이다. 1%의 차이는 단기적으로는 미미해 보여도, 장기간 복리로 불어나면 미래의 자산 규모를 크게 바꿔 놓는다.

당신은 어떤 선택을 하고 있는가

예를 들어, 매월 50만 원씩 30년 동안 투자한다고 가정해보자.

- 아무런 노력 없이 시중은행 정기예금 수준의 연 3% 수익률로 운용한다면, 은퇴 시점에 약 2억 9천만 원이 모인다.

- 은행에서 요구하는 부가조건(신용카드 발급, 자동이체 설정 등)을

충족하거나, 보다 나은 상품을 찾아 발품을 판다면 연 6% 수익률로 약 5억 원을 만들 수 있다.

● 여기에 전문가의 조언과 시장 분석을 바탕으로 적극적으로 투자 전략을 세우고 실행한다면, 연 10% 수익률로 무려 11억 3천만 원을 모을 수 있다.

이 차이는 단순히 숫자의 변화가 아니라, 노후 생활의 질을 바꾸는 결정적 요소이다.

[수익률 1% 차이가 만드는 은퇴 자산의 차이]

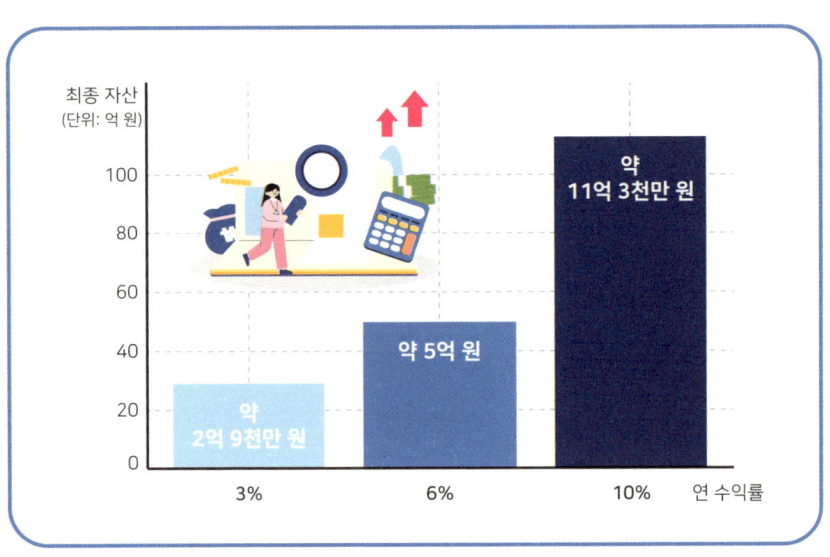

연금설계 성공법칙(2)
변동성이 두렵다고 투자 자체를 피하는 사람들에게

"투자는 자꾸 변동해서 위험할 것 같아요. 저는 안전하게만 모을래요."

"예금자보호 되는 상품이 아니면 불안해요."

상담을 하다 보면 이렇게 말씀하시는 분들을 자주 만난다. '투자'라는 단어만 들어도 불안함이 밀려오고, 무조건 원금이 보장되는 상품만을 찾는 경우다. 과거에 투자로 손실을 경험했거나, 주변에서 손실 사례를 가까이서 본 경험이 있다면 이런 심리는 더욱 강해진다.

하지만 은퇴자금 마련에 있어 원금 보장만을 기준으로 저수익 상품을 선택하는 것이 과연 안전한 선택일까? 20~30년 후 사용해야 할 은퇴자금이 물가상승률조차 따라가지 못한다면, 그야말로 '안전한 손실'을 택하는 것일 수도 있다.

수익률에 무관심한 것이 더 큰 위험이 될 수 있다

은퇴자금은 단기 자금이 아니다. 앞으로 수십 년 동안 불려야 할 돈이기에, 어느 정도의 변동성을 감수하더라도 장기적인 관점에서 안정적인 수익을 확보할 시스템이 필요하다.

수익률을 높이는 핵심 요소는 세 가지이다.

1. 가입기간을 최대한 늘린다

현재 은행 적금은 2%대, 공시이율형 저축보험은 3%대 수준이다. 이런 상품에만 의존하면서 두 자릿수 수익률을 기대하는 것은 불가능하다. 수익률의 가능성이 열려 있는 펀드나 변액보험 같은 투자형 상품을 고려해야 한다.

2. 포트폴리오 구성

같은 상품이라도 어떤 자산에, 어떤 비율로 투자하느냐에 따라 변동성과 수익률이 달라진다. 포트폴리오가 바로 변동성을 컨트롤하는 핵심 도구다.

3. 지속적인 관리

좋은 상품을 선택하고 포트폴리오를 구성해도, 관리가 없다면 무의미하다. 시장 상황이 변할 때마다 조율하고 점검하는 과정이 필요하다.

연금설계의 성공법칙(3)
장기투자에 적합한 금융상품

요즘은 '저축의 시대가 아니라 투자의 시대'라는 말을 많이 한다. 저축은 정해진 이자를 약속대로 받을 수 있고, 은행이 파산하지 않는 한 원금과 이자를 손해 볼 가능성이 거의 없다. 설령 은행이 문을 닫아도 예금자보호 제도에 따라 은행당 원금과 이자를 합쳐 최대 5천만 원까지 보장이 된다. 안정성 면에서는 확실히 매력적이다.

하지만 저축의 한계는 명확하다. 정해진 이자 외에는 그 이상의 수익을 기대할 수 없다는 것이다. 반면 투자 상품은 변동성이라는 리스크를 안고 있지만, 그만큼 저축보다 더 높은 수익을 기대할 수 있다. 은퇴계획은 단기적인 자금 운용이 아니라 20년, 30년을 내다보는 장기 플랜이다. 그렇기 때문에 단기적으로는 원금 손실을 볼 수 있어도, 장기적으로 꾸준히 수익률을 관리한다면 저축보다 더 큰 성과를 거둘 수 있다.

그렇다면 장기투자에 적합한 금융상품에는 어떤 것이 있을까?

[장기투자에 적합한 금융상품 비교]

전략	특징	장점
장기펀드	세제 혜택, 장기 투자 가능	세액공제, 비과세 혜택, 장기적 목돈 마련
금융채	안전성, 발행 주체의 신용도 확인 필요	비교적 안전, 다양한 선택 가능
달러자산	글로벌 자산 투자, 환차익 기대 가능	물가 상승 대비, 장기적인 자산 안정성 증가

장기집합투자증권저축 (펀드)

정기적 또는 수시로 일정 금액 이상을 납입해 유가증권에 투자하는 장기투자형 저축상품이다. 가입 금액에 따라 세제 혜택(비과세 또는 세액공제)을 받을 수 있어 장기적인 목돈 마련에 유리하다. 다만, 세제 혜택은 가입 시점과 제도에 따라 달라지므로 현재는 과거와 동일한 혜택이 유지되지 않을 수 있으니 반드시 확인이 필요하다.

금융채

한국산업은행, 중소기업은행, 일반 시중은행 등이 안정적인 재원 조달을 위해 발행하는 장기채권이다. 금융기관이 발행하기 때문에 비교적 안전하며, 이자 지급 방식에 따라 할인채·복리채·이표채 등으로 나뉜다. 채권 투자이지만 발행 주체의 신용도를 반드시 확인하는 것이 중요하다.

달러자산

최근 장기투자 상품 중 달러연금이 각광받고 있다. 은퇴 후 생활비는 대부분 원화로 지출되지만, 글로벌 자산에 투자하고 달러 자산을 일정 부분 보유하는 것은 장기적인 자산 안정성에 도움이 된다. 달러연금은 달러로 자산을 운용하고, 환율 변동에 따라 환차익을 기대할 수 있다. 특히 장기 투자 시 물가 상승과 원화가치 하락에 대비하는 수단이 된다.

저축만으로는 인플레이션을 이기기 어렵고, 투자만으로는 변동성이 부담스러울 수 있다. 따라서 장기적으로 저축과 투자, 그리고 환율 분산까지 고려한 상품을 포트폴리오에 담는 것이 현명하다. 달러연금은 이런 조건에 부합하는 대표적인 장기투자형 연금상품이라고 할 수 있다.

연금설계 성공법칙(4)
은퇴자금 마련은 철저한 분산투자전략

투자에는 언제나 수익과 위험이라는 양면성이 존재한다. 펀드든 변액보험이든, 수익과 손실이 오가는 것은 당연한 일이다. 특히 요즘처럼 주식시장이 크게 요동치는 시기에는, 위험관리를 잘 해놓은 투자자와 그렇지 않은 투자자 사이의 수익률 차이가 훨씬 두드러지게 나타난다.

건강을 위해 비타민을 섭취하는 것을 예로 들어보자. 우리 몸에는 다양한 영양소가 필요하기 때문에 여러 종류의 비타민이 고르게 공급되어야 한다. 그런데 비타민C가 좋다고 해서 그것만 계속 먹는다면 어떻게 될까? 과다 섭취로 인한 부작용뿐 아니라, 다른 비타민이 부족해져 다양한 질병이 생길 수 있다.

분산투자도 이와 같다. 여러 성격의 자산에 골고루 투자해 리스크를 낮추고, 수익 기회를 넓히는 것이 핵심이다. 단순히 종목을 여러 개로 나누는 것이 아니라, 성격이 다른 자산에 나누어 담는 것이 진정한 의미의 분산투자이다.

왜 분산투자가 중요한가

미국의 금융 전문지 『Financial Analysts Journal』에 실린 통계에 따르면, 수익률에 영향을 주는 요소는 시장 상황이 2%, 종목 선택이 5%, 그리고 분산투자가 무려 91.5%를 차지한다. 이 말은, 정보를 많이 아는 것보다 목표를 정하고, 다양한 자산에 꾸준히 투자하는 것이 장기적으로 훨씬 성공 확률이 높다는 의미이다. 만약 이 세 가지 중 하나에 집중해야 한다면, 대부분의 현명한 투자자들은 분산투자를 선택할 것이다.

잘못된 분산투자의 예

많은 사람들이 "저도 분산투자 잘하고 있어요"라고 말한다. 하지만 내용을 들여다보면, 삼성전자·LG화학·현대차 등 대기업 주식만 나눠 담고 있는 경우가 많다. 이것은 사실상 '산업과 시장이 같은' 자산에 몰려 있는 것이기 때문에 주식시장이 떨어질 때 함께 하락한다. 이런 형태는 이름만 분산일 뿐, 실질적인 분산효과는 거의 없다.

진짜 분산투자의 예

만약 매월 100만 원을 장기 투자, 특히 은퇴자금 마련을 위해 투자한다고 가정하자. 펀드든 변액보험이든 다음과 같이 포트폴리오를 구성하는 것이 이상적이다.

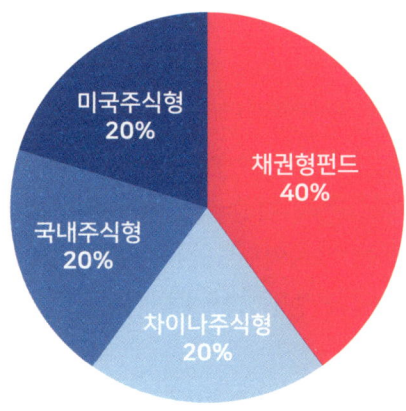

이 구성은 위험 분산, 시점 분산, 지역 분산이 모두 갖춰져 있다. 주식형과 채권형으로 자산군을 나누어 위험을 줄이고, 주식형 안에서도 국내와 해외로 나누어 지역 리스크를 분산한다. 해외 주식형도 권역별로 나누기 때문에, 어느 한 지역이 부진하더라도 다른 지역에서 수익을 내어 전체 수익률을 방어할 수 있다.

나는 상담할 때 항상 이렇게 말한다.

"투자는 한쪽에만 몰아 담는 것이 아니라, 여러 바구니에 나눠 담아야 마음도 편하고 결과도 좋습니다."

은퇴자금 마련은 단순히 '수익률이 높은 상품'을 찾는 것이 아니라, 다양한 성격의 자산을 조합해 안정성과 성장성을 동시에 잡는 전략이 필요하다. 그것이 바로 철저한 분산투자이다.

연금설계 성공법칙(5)
안정성과 수익성, 두 마리 토끼를 잡는 투자 전략

투자를 한다면 누구나 높은 수익률을 기대하는 것이 당연하다. 하지만 그 기대가 항상 현실이 되는 것은 아니다. 투자에서 가장 중요한 것은 내 성향과 목표에 맞는 균형 있는 전략을 세우는 것이다.

만약 당신이 안전을 중시하거나, 은행 이자율만큼의 안정적인 수익만을 원한다면 나는 '포트폴리오 인슈어런스' 전략을 권하고 싶다. 이 전략은 주가가 하락할 때는 원금을 최대한 지키고, 상승할 때는 안정적으로 수익을 챙기는 방식이다. 다시 말해, 위험을 최소화하면서도 은행 예금 이상의 수익을 추구하는 방법이다.

과거 실패 경험이 투자 포기를 의미하진 않는다

상담을 하다 보면 과거 투자 실패로 자산 손실을 경험한 후, "다시는 투자 안 해요"라고 단정 지어버리는 분들을 종종 만난다. 하지만 한 번의 실패가 평생의 투자 기회를 막아서는 안 된다. 오히려 그 경험을 통해 안정성과 수익성을 동시에 잡을 방법을 찾는 것이 현명하다.

예를 들어, 은퇴자금으로 1억 원이 있다고 하자. 포트폴리오 인슈어런스 전략에 따르면, 이 자금 중 75% 이상을 채권형 펀드에, 나머지 25% 이하를 주식형 펀드에 투자하는 것이다. 이렇게 하면 하락장에서도 자산을 지킬 수 있고, 상승장에서는 주식 비중이 수익을 끌어올린다.

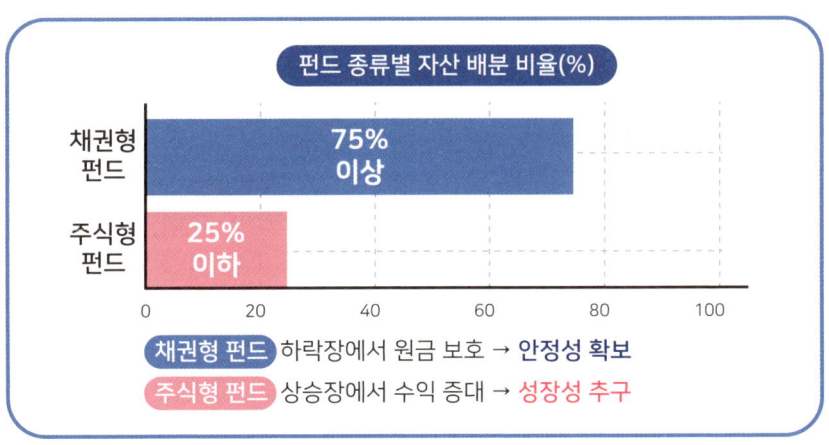

채권을 이해하면 전략이 보인다

채권은 국가, 지방자치단체, 금융기관, 우량 기업 등이 발행해 자금을 조달하는 증서이다. 일정 기간마다 약속된 이자를 지급하고, 만기일에 원금을 돌려주는 구조라서 주식보다 안전하다고 평가받는다.

- 발행 주체에 따라 국채, 지방채, 특수채, 회사채 등으로 구분된다.
- 이자 지급 방식에 따라 이표채, 할인채, 복리채로 나뉜다.
- 장점은 이자와 원금 지급 시기가 확정되어 있고, 주식보다 청구권 순위가 높아 안정성이 높다는 것이다.

채권 가격은 금리와 반대로 움직인다. 금리가 오르면 채권 가격은 하락하고, 금리가 내리면 채권 가격은 상승한다. 특히 채권 금리가 하락하는 국면에서는 주식 시장이 강세를 보이는 경우가 많다. 그만큼 채권 금리와 주식시장은 밀접한 관계가 있다.

그래서 투자에서는 금리의 변동성을 파악하는 것이 매우 중요하다. 금리는 주식시장처럼 하루가 다르게 크게 출렁이지 않고, 한 번 방향성을 잡으면 상당 기간 그 흐름을 이어가는 경향이 있다. 즉, 금리가 상승세로 전환되면 일정 기간 오름세가 이어지고, 하락세로 전환되면 상당 기간 하락 기조가 유지되는 경우가 많다. 이 특성을 이해하면, 채권과 주식 비중을 조정하는 전략을 보다 안정적으로 세울 수 있다.

글로벌 금리 흐름을 함께 봐야 한다

글로벌 시대에는 한 나라의 금리만 보고 투자 결정을 내리기 어렵다. 미국, 일본, 유럽 등의 금리 정책 변화가 곧바로 한국 금리에도 영향을 미친다. 예를 들어, 현재 금리가 3%인데 향후 금리가 오를 것으로 예상되면 채권 가격은 하락하고, 반대로 금리가 내려갈 것으로 예상되면 채권 가격은 상승한다. 이런 흐름을 이해해야 채권 투자에서 안정성과 수익성을 모두 잡을 수 있다.

안정성과 수익성을 모두 잡는 달러연금·변액연금

채권과 주식 비중을 조절하는 포트폴리오 인슈어런스 전략은 달러연금이나 변액연금에서도 활용할 수 있다.

[달러연금 vs 변액연금 – 특징 비교]

달러연금
· 환율 변동 + 글로벌 채권·주식 운용
· 원화 자산 대비 분산 효과
· 채권 비중 높여 안정성 확보

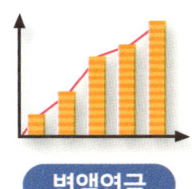

변액연금
· 주식·채권 비중 조절 가능
· 물가상승률 초과 수익 추구
· 장기적 성장성 강화

● 달러연금은 환율 변동과 글로벌 채권·주식 운용을 통해 원화 자산 대비 분산 효과를 준다.
● 변액연금은 주식·채권 비중을 조정하며 장기적으로 물가상승률을 뛰어넘는 수익을 추구할 수 있다.

두 상품 모두 채권 비중을 높여 원금을 지키면서, 주식형 자산으로 수익성을 보완할 수 있는 구조를 만들 수 있다. 결국 중요한 것은 비중 조절과 지속적인 관리다.

나는 고객에게 이렇게 조언한다.
"안정성과 수익성은 선택이 아니라 조화입니다. 원금을 지키면서도 꾸준히 불리는 방법을 찾는 것이 진짜 투자죠."

투자는 한 번 하고 끝나는 일이 아니다. 은퇴까지의 시간, 시장의 변화, 나의 재무 상황을 종합해 꾸준히 조정하고 관리하는 것, 그것이 안정성과 수익성 두 마리 토끼를 잡는 길이다.

PART 2
변액연금의 핵심 전략과 운용 가치

변액연금의 장점과 변동성 대응

시장은 늘 오르락내리락한다. 중요한 것은 변동성을 피하는 것이 아니라, 변동 속에서 내 자산을 지키고 불릴 방법을 아는 것이다. 변액연금은 주식·채권·대체자산 등을 활용해 장기적으로 물가를 상회하는 수익을 추구하며, 자동 리밸런싱 기능이나 전문가의 운용 서비스를 통해 안정성과 수익성을 동시에 노릴 수 있다.

전문가의 도움을 받아 관리 체계가 갖춰진 상품을 선택하면, 변동성은 단점이 아니라 성장 기회가 될 수 있다.

변동성이 두렵다고 투자를 외면하는 순간, 더 큰 기회를 놓치게 된다. 오히려 관리 가능한 범위 안에서 변동성을 받아들이고, 장기적으로 운용할 수 있는 구조를 만드는 것이 풍요로운 은퇴로 가는 길이다.

[변액연금을 통한 안정성과 수익성 확보 구조]

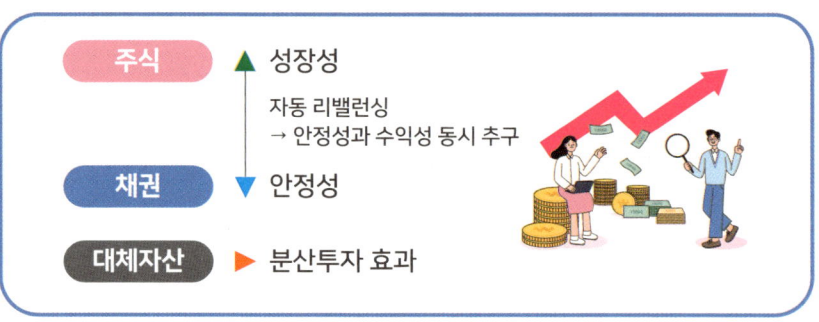

변액연금이 주는 가능성

은행 예금은 안전하지만, 금리가 낮아 자산을 크게 늘리기 어렵다. 반면 변액연금은 주식과 채권에 투자해 장기적으로 물가 상승을 이길 수 있는 수익을 추구한다. 물론 시장 변동성에 따른 위험은 있지만, 충분한 기간과 체계적인 운용 전략이 뒷받침된다면 안정성과 성장성을 함께 추구할 수 있다. 특히 은퇴까지 시간이 남아 있다면, 변액연금은 수익률 1~2%를 더 높일 수 있는 강력한 수단이 될 수 있다.

나는 상담할 때 늘 이렇게 말한다.
"돈은 관심을 준 만큼 자랍니다. 수익률 1%의 차이가 10년, 20년 후엔 여러분의 은퇴자금을 몇 배로 불려줄 수 있습니다."

그러니 지금부터라도 내 돈이 어디에, 어떻게 굴러가고 있는지 살펴보고, 더 나은 선택을 위해 움직여야 한다. 발품을 팔고, 시간을 투자하고, 전문가의 도움을 받는다면 여러분의 은퇴 생활은 지금 상상하는 것보다 훨씬 풍요로울 것이다.

변액연금보험과 최저보증옵션

금융 환경이 불안정한 요즘, 많은 사람들이 투자와 보장을 동시에 고려한 연금상품을 선호하고 있다. 그 대표적인 예가 변액연금보험이다.

변액연금은 고객이 납입한 보험료를 주식, 채권, 혼합형 펀드 등에 투자하여 수익을 추구하는 구조이기 때문에, 투자성과에 따라 연금액이 달라질 수 있다.

하지만 변액이라는 이름 때문에 '손해 보는 거 아니야?'라는 걱정을 하는 분들도 많다. 바로 그런 우려를 해소해주는 장치가 최저보증옵션이다.

최저보증옵션이란, 시장 상황이 좋지 않더라도 일정 금액 이상의 연금을 보장해주는 기능이다. 예를 들어, 시장이 좋으면 그 수익만큼 연금액이 높아지고, 반대로 시장이 나빠져도 최소한의 연금은 보장되기 때문에 안정성과 수익성을 동시에 확보할 수 있다.

이 밖에도 일부 상품에서는 중도생활자금 인출, 유연한 연금개시시점 조정, 연금종류 변경 기능 등을 제공하여 은퇴 전후 상황에 따라 유연하게 자산을 활용할 수 있도록 돕는다.

[최저보증옵션이 제공하는 최소 연금 보장 효과]

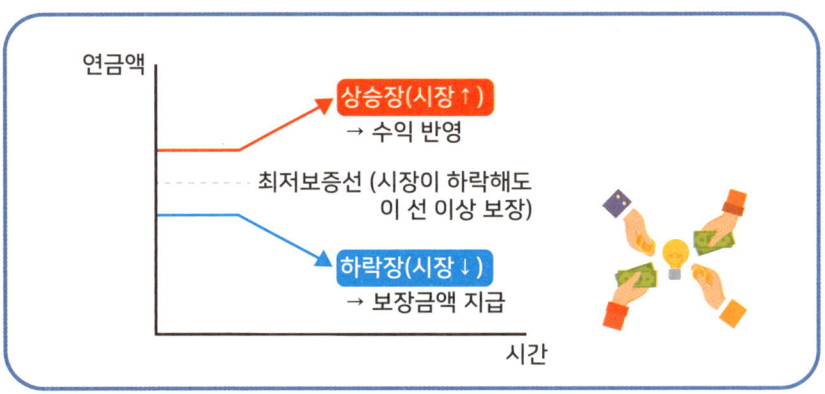

많은 사람들이 '국민연금이 있으니 괜찮겠지'라고 생각하지만, 국민연금만으로는 은퇴 이후 생활비를 감당하기에 턱없이 부족하다. 현재 국민연금 수령자의 평균 수령액은 월 50만~70만 원 수준이며, 소득대체율도 점점 하락하는 추세이다.

게다가 앞으로 고령화가 더욱 심화되면 국민연금의 재정 고갈 가능성도 제기되고 있다. 따라서 개인이 준비하는 사적연금은 이제 선택이 아닌 필수이다. 그리고 사적연금 중에서도 보험을 활용한 연금은 복리운용, 비과세, 안정적인 지급구조라는 점에서 독보적인 장점을 갖는다.

연금은 '언젠가' 준비하는 것이 아니라, '지금' 준비해야 유리한 금융상품이다. 가입 시점의 경험생명표가 적용되기 때문에, 지금의 조건이 곧 연금의 크기를 결정짓는다. 또한 비과세 한도 내에서 적립한 연금자산은 은퇴 후 세금 부담 없이 그대로 생활비로 사용할 수 있으며, 종신형 연금은 이마저도 한도 제한 없이 비과세로 누릴 수 있다.

요즘처럼 수명이 길어지고, 국가연금의 불안정성이 커지는 시대일수록 안정적인 노후소득을 마련하는 것이 무엇보다 중요하다. 보험연금은 단지 안전하기만 한 상품이 아니라, 구조적으로 유리하고 전략적으로 설계된 노후 설계의 핵심 자산이다.

오늘의 작은 선택이 30년 후의 삶을 바꾼다. 연금은 반드시 준비해야 하고, 그 수단은 보험이 되어야 한다. 지금 이 글을 읽고 있는 바로 오늘이, 당신 인생에서 가장 유리한 '연금 준비의 시작점'이 되기를 바란다.

변액연금의 리밸런싱 전략과 시장 국면별 운용 방법

변액연금은 단순히 펀드를 선택하고 그대로 방치하는 상품이 아니다. 시간이 흐름에 따라 투자 비중을 조정하고, 변화하는 시장 환경에 대응하는 관리 과정이 필수적이다. 이러한 관리의 핵심이 바로 리밸런싱(Rebalancing) 이다. 리밸런싱이란 포트폴리오 내 자산의 비중이 처음 설정했던 목표에서 벗어났을 때, 다시 원래의 비율로 조정하는 과정을 말한다. 이를 통해 투자자는 불필요한 위험을 줄이고 안정적으로 장기 성과를 추구할 수 있다.

예를 들어, 변액연금을 처음 가입할 때 주식형 펀드 50%, 채권형 펀드 50%로 비중을 정했다고 가정해보자. 시간이 지나 주식시장이 상승하면서 주식 비중이 70%로 늘어나고 채권 비중은 30%로 줄어든다면, 포트폴리오는 의도치 않게 위험한 상태가 된다. 이때 리밸런싱을 통해 주식 일부를 매도하고 채권을 늘려 원래의 50:50 구조로 되돌리면, 포트폴리오는 균형을 회복한다. 장기적으로 볼 때 이러한 꾸준한 비중 조정이 자산의 안정성과 수익성을 동시에 높이는 열쇠가 된다.

자동 리밸런싱과 타깃데이트 펀드의 개념

리밸런싱을 수동으로 실행하는 것은 투자자 입장에서 번거롭고, 때로는 시장 상황에 대한 판단이 어렵다. 이를 보완하기 위해 등장한 것이 자동 리밸런싱 기능이다. 변액연금에는 일정 주기(예: 분기별, 연간)마다 사전에 설정한 비율로 펀드 비중을 자동으로 조정해주는 서비스가 탑재될 수 있다. 이를 활용하면 투자자는 시장 변동성에 일희일비하지 않고도 안정적인 자산 배분을 유지할 수 있다.

또한 타깃데이트 펀드(Target Date Fund) 개념도 변액연금 운용에 접목할 수 있다(상품마다 차이가 날 수 있음). 타깃데이트 펀드란 투자자의 은퇴 시점을 기준으로 시간이 흐를수록 위험 자산 비중을 줄이고 안전 자산 비중을 늘려가는 구조다. 예컨대 30세에 변액연금을 가입해 60세 은퇴를 목표로 한다면, 초기에는 주식 비중이 70~80%까지 높을 수 있다. 그러나 은퇴 시점이 가까워질수록 주식 비중은 20~30% 수준으로 낮추고 채권, 현금성 자산을 늘려 안정성을 확보하는 방식이다.

자동 리밸런싱과 타깃데이트 전략은 결국 같은 원리를 공유한다.

[최저보증옵션이 제공하는 최소 연금 보장 효과]

 '시간에 따라 자산을 안전하게 이동시켜, 은퇴 직전까지 리스크를 최소화하는 것'이다. 이는 투자자가 직접 복잡한 결정을 하지 않아도 전문가의 설계와 시스템이 알아서 운용해 준다는 점에서 특히 매력적이다.

시장 국면별 운용 방법: 상승장과 하락장

 변액연금 운용에서 또 하나 중요한 것은 시장 국면별 대응 전략이다. 같은 상품이라도 주식과 채권의 비중에 따라 상승장과 하락장에서 결과가 크게 달라진다. 이를 단순한 예시로 살펴보자.

● 주식 비중 70% / 채권 비중 30% 포트폴리오
 상승장에서는 강한 성과를 거둘 수 있다. 예컨대 주식시장이 연 10%

상승하고 채권이 연 3% 수익을 낸다고 가정하면, 전체 포트폴리오의 수익률은 약 8.1% 가 된다.

하지만 반대로 주식시장이 연 -10% 하락하면, 전체 포트폴리오의 손실은 약 -6.1% 에 이른다. 높은 성장 가능성과 동시에 높은 변동성을 감수해야 하는 구조다.

● **주식 비중 30% / 채권 비중 70% 포트폴리오**
상승장에서는 수익이 제한적이다. 같은 조건에서 주식이 10% 오르고 채권이 3% 오른다면 전체 수익률은 약 5.1% 에 불과하다.

그러나 하락장에서는 방어력이 크다. 주식이 -10% 하락해도 전체 포트폴리오 손실은 약 -1.9% 수준으로, 충격을 상당히 완화할 수 있다.

이 간단한 시뮬레이션만 보더라도 주식 비중이 높으면 성과의 폭이 커지는 대신 위험도 커지고, 채권 비중이 높으면 성과는 줄어들지만 안정성이 강화된다는 것을 알 수 있다. 따라서 변액연금 운용에 있어 가장 중요한 것은 '현재의 시장 국면과 나의 투자 성향에 맞는 균형점'을 찾는 일이다.

부록
시장을 보는 하나의 눈, 코스톨라니 달걀이론

투자의 세계에는 다양한 이론이 존재하지만, 사람들의 마음과 시장 흐름을 동시에 설명해 주는 이론은 많지 않다. 앙드레 코스톨라니(André Kostolany)가 제시한 달걀 이론은 시장의 사이클과 투자자의 심리를 달걀 모양에 빗대어 설명한 흥미로운 이론이다. 이 개념을 이해하면 언제 투자해야 하고 언제 조심해야 하는지를 한눈에 파악할 수 있다.

달걀 모양으로 보는 시장의 순환

코스톨라니는 주식, 채권, 부동산, 예금과 같은 자산의 매력도가 경제 상황과 금리에 따라 달라진다고 보았다. 이 변화는 직선이 아니라 달걀 모양의 순환 구조를 그린다.

[코스톨라니가 말하는 달걀형 시장 사이클]

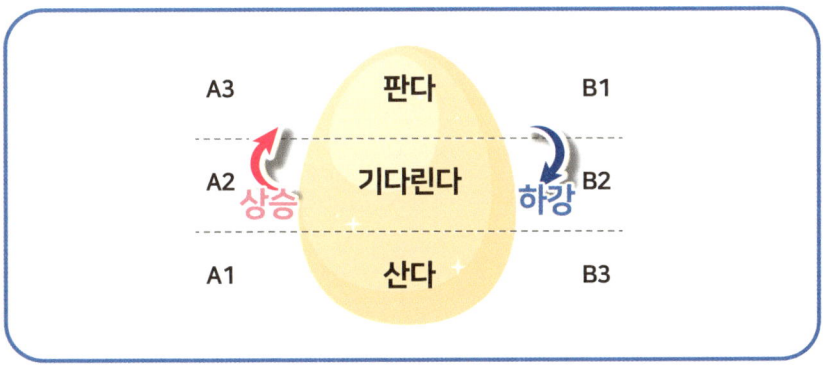

- 달걀의 바닥(저점) : 시장에 대한 관심이 거의 없고, 투자자 수도 적다. 가격은 싸고 거래량도 적기 때문에 오히려 장기 투자자에게는 최고의 매수 기회로 여겨진다.
- 달걀의 꼭대기(고점) : 투자자들이 대거 몰리고 거래량이 급증한다. 가격은 이미 많이 올라 비싸 보이지만 사람들의 낙관론은 극에 달한다. 이 시점은 사실상 매도 신호에 가깝다.

이처럼 시장은 끊임없이 순환하며, 사람들의 투자 심리는 달걀의 아래에서 위로, 다시 아래로 움직인다.

네 가지 국면의 흐름

[시장 국면 4단계 흐름]

A국면
금리 높음
→ 예금 선호

B·C국면
경기 회복
→ 자금 유입

D국면
금리 낮음 + 경기 바닥
→ 매수 기회

코스톨라니는 기준금리와 경기 상황을 중심으로 시장의 국면을 네 단계로 설명했다.

- **A 국면** : 금리가 높은 시기. 대부분의 자금은 이자를 많이 주는 예금으로 몰려간다. 주식이나 부동산은 외면받고 시장에 유동성이 부족하다.
- **D 국면** : 금리가 낮고 경기가 바닥을 찍는 시기. 투자 심리가 위축돼 시장은 차갑지만, 오히려 이때가 매수의 기회다.
- **B·C 국면** : 경기가 회복되면서 자금이 점차 채권, 주식, 부동산으로 이동한다. 투자자들이 늘어나고 시장은 활기를 띠기 시작한다. 결국 이 과정이 달걀의 왼쪽에서 오른쪽, 다시 위로 진행되는 흐름이다.

코스톨라니가 강조한 투자 원칙은 간단하다.
- 대부분이 두려워할 때 사라, 모두가 탐욕스러울 때 팔라.
- 시장이 불안하고 투자자들이 손을 놓고 있을 때가 진정한 기회다.
- 반대로 모든 사람이 낙관론에 빠져 너도나도 투자에 뛰어들 때는 위험을 경계해야 한다.

이 원칙은 단순히 '역발상'이 아니라, 시장의 사이클을 활용하는 현명한 전략이라고 할 수 있다. 장기 투자자 입장에서는 달걀의 아래쪽, 즉 거래량이 적고 투자자들의 관심이 줄어든 시점부터 분산투자를 시작하는 것이 이상적이다. 반대로 시장이 과열되어 달걀의 위쪽에 도달하면 일부 자산을 현금화하거나 예금, 채권 같은 안전자산으로 옮기는 전략이 필요하다.

물론 금리, 경기 지표, 투자자 심리 등 다양한 경제적 요인을 함께 참고해야 한다. 달걀 이론은 만능 공식은 아니지만, 자산 배분을 할 때 투자자에게 방향성을 알려주는 나침반이 된다.

리밸런싱 전략과 시장 국면별 시뮬레이션은 별개의 개념이 아니라 서로를 보완하는 관계다. 상승장에서는 지나치게 불어난 주식 비중을 줄여 수익을 일부 확정짓고, 하락장에서는 상대적으로 저평가된 주식을 다시 담아 향후 반등을 준비하는 것이다. 이렇게 리밸런싱을 통해 장기적 복리 효과를 극대화하면, 단순히 '오르내림을 견디는 것'을 넘어 '오르내림을 활용하는 전략'으로 바꿀 수 있다.

특히 은퇴 준비라는 긴 여정을 고려할 때, 변액연금은 최소 20~30년 이상 운용된다. 이 기간 동안 금융시장은 수없이 오르내릴 것이다. 따라서 단기적인 예측에 집착하기보다는, 장기적으로 안정성을 확보하고 꾸준한 성과를 누적하는 관리 체계가 필요하다. 리밸런싱과 시뮬레이션 기반 전략은 바로 이런 장기적 자산 운용의 핵심 원칙을 보여준다.

PART 3
저축성 연금 보험 비과세 조건과 준비법

미래를 준비한다는 것은 누구에게나 공통적인 숙제이다. 특히 평균 수명이 늘어나고, 국민연금 등 국가 차원의 노후 보장 제도에 대한 불안감이 커지면서 개인 스스로의 준비가 그 어느 때보다도 중요해졌다. 저축성 연금 보험은 이러한 시대적 요구 속에서 꾸준히 선택받는 금융 상품이다. 단순히 목돈 마련이 아니라, 세제 혜택까지 활용할 수 있다는 점에서 매력적이다. 그러나 이 혜택을 제대로 누리기 위해서는 반드시 지켜야 할 조건이 있다.

저축성 연금 보험의 핵심: 비과세 혜택

저축성 연금 보험의 가장 큰 장점은 일정 요건을 충족할 경우, 연금 수령 시 발생하는 이자 소득세가 면제된다는 점이다. 일반적으로 예·적금이나 펀드, 채권과 같은 금융 상품은 수익이 발생하면 15.4%의 이자 소득세가 부과된다. 그러나 저축성 연금 보험은 조건만 충족하면 이 세금을 내지 않아도 된다. 이 차이는 장기적으로 볼 때 매우 크다. 예를 들어 1억 원의 자금을 20년간 운영한다고 가정했을 때, 세금이 붙는 금융 상품과 비과세 혜택을 받는 상품은 최종 수령액에서 상당한 차이를 보인다. 결국 비과세 혜택은 연금 보험을 선택하는 가장 큰 이유 중 하나라고 할 수 있다.

비과세 조건의 세 가지 유형

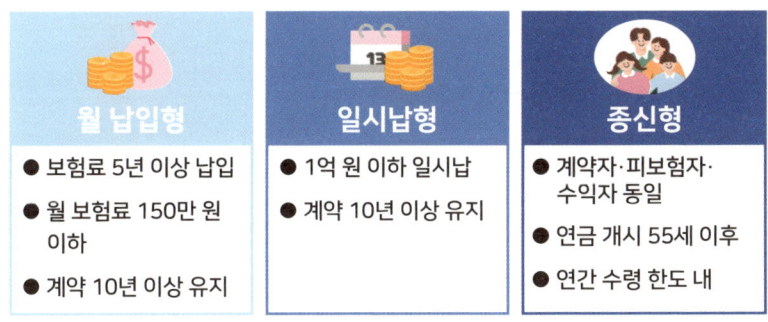

[저축성 연금 보험 비과세 조건 한눈에 보기]

월 납입형
- 보험료 5년 이상 납입
- 월 보험료 150만 원 이하
- 계약 10년 이상 유지

일시납형
- 1억 원 이하 일시납
- 계약 10년 이상 유지

종신형
- 계약자·피보험자·수익자 동일
- 연금 개시 55세 이후
- 연간 수령 한도 내

비과세 혜택을 누리기 위해서는 몇 가지 구체적인 요건을 반드시 충족해야 한다. 크게 월 납입형, 일시납형, 종신형으로 구분할 수 있다.

월 납입형
- 보험료를 5년 이상 납입해야 한다.
- 월 보험료는 150만 원 이하로 유지해야 한다.

● 전체 계약은 10년 이상 유지해야 한다.

이 조건을 지키면 납입한 원금과 그에 따른 수익을 연금 형태로 받을 때 이자 소득세가 부과되지 않는다.

일시납형
● 가입 시 한 번에 납입하는 방식이다.
● 납입 금액이 1억 원 이하일 경우에 한해서 비과세 혜택을 받을 수 있다.
● 역시 계약 기간은 10년 이상 유지해야 한다.

즉, 큰 자금을 단번에 납입하더라도 금액 제한과 기간 조건을 충족해야 한다.

종신형
● 계약자, 피보험자, 수익자가 모두 동일해야 한다.
● 연금 개시는 55세 이후여야 한다.
● 연간 수령 한도 내에서 연금을 받아야 한다.

이러한 조건을 충족하지 못하면, 원금과 수익에 대해 이자 소득세 15.4%가 부과될 수 있다. 따라서 상품을 가입할 때는 반드시 자신의 납입 여건과 장기 유지 가능성을 고려해야 한다.

연금 보험과 연금 저축 보험의 차이

많은 이들이 헷갈리는 부분이 바로 연금 보험과 연금 저축 보험의 차이이다. 두 상품은 이름은 비슷하지만 세제 혜택의 시점이 다르다.

연금 보험은 납입 중에는 별도의 세액 공제가 없다. 그러나 조건을 충족하면 수령 시점에 이자 소득세를 면제받을 수 있다. 즉, 미래의 세금을 줄이는 방식이다.

연금 저축 보험은 납입 시점에 세액 공제를 받을 수 있다. 근로 소득자가 연간 최대 600만 원(연금 저축 단독), IRP와 합산 시 900만 원까지 세액 공제가 가능하다. 그러나 연금을 받을 때는 연금 소득세 (3.3~5.5%)가 부과된다.

결국 연금 보험은 수령 시점에서 세금을 줄일 수 있다는 점에서 노후 생활비를 안정적으로 확보하는 데 유리하다. 반면 연금 저축 보험은 당장의 절세 효과를 누리고 싶은 근로자에게 적합하다.

[연금 보험 vs 연금 저축 보험 차이]

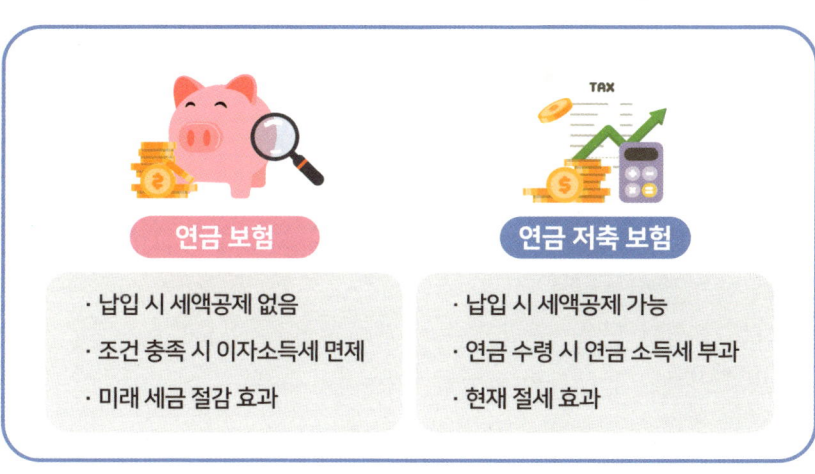

비과세 혜택의 추가 효과

저축성 연금 보험의 비과세 혜택은 단순히 세금을 아끼는 것에 그치지 않는다.

● **금융 소득 종합 과세 회피**: 연간 금융 소득이 2000만 원을 초과하

면 종합 과세 대상이 되는데, 비과세 상품을 활용하면 이를 피할 수 있다.
- **건강 보험료 부담 경감**: 금융 소득이 줄어들면 건강 보험료 산정 시 불리하게 작용하는 부분을 줄일 수 있다.
- **세액 공제 한도 초과자의 절세**: 이미 연금 저축이나 IRP를 통해 세액 공제 한도를 채운 사람이라면, 추가 절세 수단으로 저축성 연금 보험을 활용할 수 있다.

제대로 준비하는 방법

저축성 연금 보험을 올바르게 준비하기 위해서는 다음 단계가 필요하다.

- **목적 설정**: 노후 생활비, 자녀 자금, 상속 대비 등 목적에 따라 상품을 선택한다.
- **조건 충족 여부 확인**: 납입 금액, 납입 기간, 유지 가능성을 반드시 따져본다.
- **세제 혜택 비교**: 연금 보험과 연금 저축 보험을 비교하여 자신에게 맞는 방식을 고른다.
- **전문가 상담 활용**: 세법은 수시로 개정될 수 있으므로, 최신 정보를 확인하고 전문가의 조언을 듣는 것이 좋다.

손미현 전문가의 연금솔루션
숫자로 시작해 삶으로 완성하는 은퇴설계법!

손미현

- EL엔터테인먼트 대표
- ㈜뉴니케 마케팅상무
- 우수인증설계사
- COT 회원

NAVER 블로그

https://blog.naver.com/baid1965

평균수명 90세 시대, 은퇴는 끝이 아닌 새로운 출발이다. 저자는 숫자를 통해 노후를 설계하고, 그 안에서 삶의 가치를 구체화하는 것을 진정한 은퇴설계라 강조한다.

㈜뉴니케 보험자산관리전문회사 마케팅상무로 활동하며, 보장분석·보험료 절감·연금·변액·자동차보험 등 종합 컨설팅을 제공해왔다.

노후설계는 단순한 자산 축적이 아닌 안정적 현금흐름과 목표 수익률이 노후 삶의 질을 결정한다고 말하며, '은퇴설계는 숫자에서 출발하지만 결국 내가 원하는 삶으로 완성된다'는 신념으로 고객과 미래를 그려가고 있다.

이 글을 시작하며

은퇴설계, 숫자에서 시작하여 삶을 설계하다

은퇴는 끝이 아니라 새로운 시작이다. 다만 20~30년 이상 이어질 그 시간을 준비하지 않으면 두려움으로 변한다.

핵심은 돈이다. 단순히 모아두는 것이 아니라 매달 들어오는 연금이 필요하다. 월 300만 원 생활비만 가정해도 25년간 9억 원, 물가를 반영하면 14억 원이 넘는다. 막연한 추측이 아닌 구체적 계산이 은퇴설계의 출발점이다.

국민연금과 퇴직연금만으로는 부족하다. 부족분을 채우기 위해선 목표 수익률과 자산배분 전략이 필요하다. 무엇보다 강력한 무기는 시간이다. 하루라도 빨리 시작해야 복리의 힘이 작동한다.

결국 은퇴설계는 돈을 모으는 일이 아니라 삶을 설계하는 과정이다. 내가 원하는 노후의 모습을 그려보고, 오늘의 작은 습관으로 준비해가는 것. 숫자에서 출발하지만, 그 끝은 당신의 삶이다.

PART 1
은퇴설계, 숫자에서 시작하여 삶을 설계하다

은퇴설계, 숫자에서 시작하여 삶을 설계하다

 은퇴는 단순한 일의 종료가 아닌, 새로운 삶의 전환점이다. 현대인의 기대수명이 90세를 넘기고 있는 오늘날, 은퇴 후의 삶은 20~30년에 이르는 제2의 인생으로 간주된다. 이러한 장기 인생 주기에 대비하기 위해서는 단순한 저축이나 보험만으로는 부족하며, 보다 전략적이고 체계적인 자산 설계가 요구된다. 특히 은퇴 이후의 안정된 생활을 위해 필요한 '연금 목표금액'과 이를 실현하기 위한 '목표 수익률'은 은퇴설계의 핵심이다. 본 글에서는 실제 은퇴 재무설계를 위해 어떻게 목표금액을 정하고, 어떤 방식으로 목표 수익률에 접근할 수 있을지를 구체적으로 살펴보고자 한다.

1. 연금 목표금액의 산정 – 현실적인 기준과 미래가치 반영

 은퇴설계에서 가장 먼저 해야 할 일은 '얼마가 필요한가'를 정하는 것이다. 대부분의 사람은 은퇴 후에도 일정 수준의 생활을 유지하고자 하며, 이 생활비를 기준으로 은퇴 기간 동안의 총 필요 자금을 산출해야 한다.

 가장 일반적인 기준은 월 300만 원이다. 이는 적절한 주거비, 식비, 의료비, 여가비 등을 포함한 수치로, 대도시 평균 수준의 삶을 유지하기 위한 금액이다. 이 금액을 연간 기준으로 환산하면 3,600만 원이며, 은퇴 후 평균 수명을 85세로 잡고 은퇴 시점을 60세로 설정할 경우, 25년간 총 생활비는 3,600만 원 × 25년 = 9억 원이 된다.

그러나 이는 단순 누적 계산일 뿐이다. 중요한 변수는 '물가 상승률'이다. 연평균 2%의 물가상승률을 가정하면, 실제 생활비는 시간이

[단순 누적 계산 vs 물가상승률 반영 필요 자금]

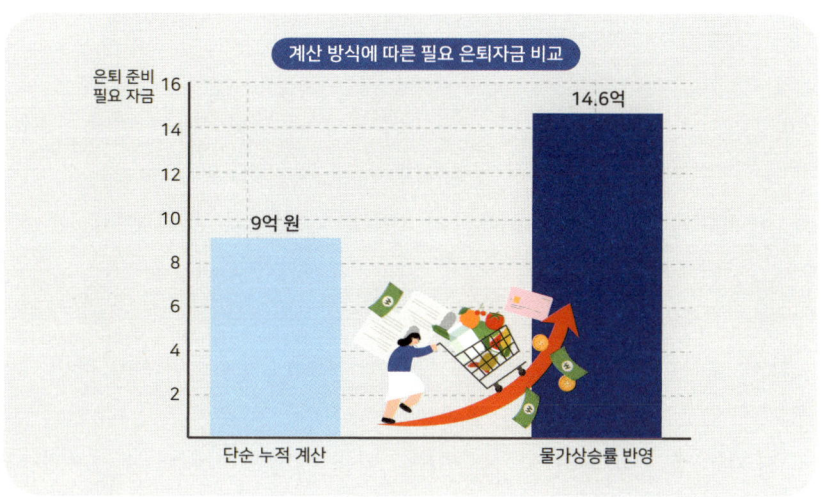

지날수록 상승하게 되고, 이에 따라 총 필요 자금도 함께 증가한다. 물가상승률을 반영한 총 필요 생활비는 다음과 같은 미래가치 공식으로 계산할 수 있다.

필요 총자금
= 연간 생활비 × { (1 + 물가상승률)^n - 1 } ÷ 물가상승률

이 공식을 적용하여 연간 생활비 3,600만 원, 물가상승률 2%, 25년의 은퇴 기간을 대입하면, 다음과 같은 결과가 도출된다.

3,600만 원 × 40.6 ≈ 약 14억 6천만 원
즉, 단순 계산으로는 9억 원이지만, 물가상승률을 반영하면 약 14억 6천만 원이 필요하다는 결론에 도달하게 된다. 이 수치는 개인의

은퇴 자산 설계에서 반드시 고려되어야 할 핵심 기준점이다.

2. 현재 확보된 자산과 공적연금 수령액의 계산

목표금액을 설정한 후에는, 현재 확보된 자산과 향후 수령이 가능한 연금 등을 정리하여 부족 자금을 계산해야 한다.

예를 들어, 국민연금 예상 수령액이 월 120만 원이라면 연간 1,440만 원, 25년 수령 시 약 3억 6천만 원에 해당한다. 퇴직연금이 2억 원, 사적연금 및 기타 금융자산이 4억 원이라면 총 은퇴 준비금은 약 9억 6천만 원이다.

앞서 계산한 물가상승률 반영 필요자금이 14억 6천만 원이라면, 현재 자산으로는 약 5억 원이 부족한 상황이다. 이 부족분이 곧 연금 설계 시 추가로 준비해야 할 자금이며, 이를 어떻게 마련할 것인가가 다음 단계의 핵심이 된다.

[현재 확보 자산 vs 필요 자금]

구분	금액 (억 원)
국민연금 예상	3.6
퇴직연금	2.0
사적연금/기타	4.0
총 확보 자산	9.6
필요 자금	14.6
부족 자금	5.0

3. 목표 수익률 전략 – 단순 저축이 아닌 자산 운용 전략

은퇴설계의 두 번째 핵심은 '어떻게 불릴 것인가'에 있다. 단순히 자금을 축적하는 것만으로는 부족하며, 일정한 수익률을 달성할 수 있는 자산운용 전략이 필요하다.

목표 수익률을 정할 때는 보통 물가상승률 + 실질 수익률을 기준으로 한다. 예를 들어, 물가상승률이 연 2%라면, 연 4~5%의 목표 수익률을 설정해야 미래가치를 유지하거나 성장시킬 수 있다.

국민연금의 중기 목표 수익률은 5.4~5.6% 수준이며, 민간 연금에서도 이를 벤치마킹하여 연 4~5% 수익률을 실현 가능한 목표치로 간주한다.

이를 달성하기 위한 전략으로는 다음의 세 가지가 주로 활용된다.

1) 자산배분 전략

포트폴리오 설계의 핵심은 자산군을 적절히 배분하는 것이다. 예를 들어 주식 55%, 채권 30%, 대체투자 15%의 구조는 국민연금의 자산운용 모델과 유사하며, 장기적으로 평균 수익률을 높이고 리스크를 분산하는 효과가 있다.

특히 타깃데이트펀드(TDF)와 같은 상품은 은퇴 시점에 따라 자산배분 비중을 자동으로 조절해주므로, 투자에 익숙하지 않은 일반인에게 적합하다.

2) 실적배당형 상품 활용

변액연금보험은 보험과 투자 기능이 결합된 상품으로, 자산 운용 수익에 따라 연금액이 결정된다. 일부 상품은 일정 조건을 충족할 경우 최저 연금액을 보증해주는 기능도 있어 안정성과 수익성을 동시에 고려할 수 있다.

이러한 상품은 ETF나 펀드보다 직접적인 운용 통제는 제한되지만, 일정 수준의 자동 운용과 복리 효과를 원하는 은퇴 설계자에게 매우 유리하다.

3) 절세형 상품 연계

개인형 퇴직연금(IRP)과 연금저축을 활용하면 세액공제를 통해 실질 수익률을 더 높일 수 있다. 연간 최대 900만 원 납입 시, 최대 148만 5,000원의 세액공제 혜택을 받을 수 있으며, 이 자금 역시 연금으로 운용되어 복리의 효과를 기대할 수 있다.

[은퇴자산 설계를 위한 3가지 전략]

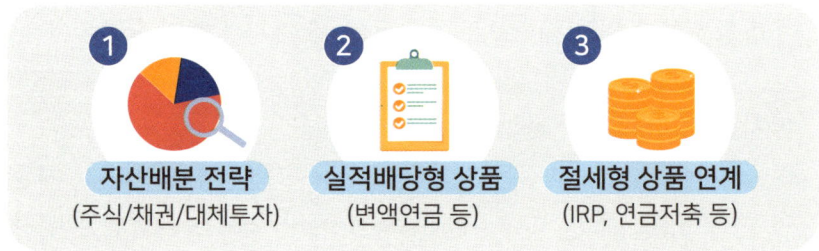

4. 실행 및 장기 관리 전략 – 가장 강력한 무기는 '시간'

은퇴자산 설계에서 가장 강력한 무기는 수익률이 아닌 '시간'이다. 동일한 수익률이라도 시작 시점이 10년 빨라지면 자산은 두 배 이상 차이가 나게 된다.

예를 들어, 연 5% 수익률로 20년간 월 50만 원을 적립하면 약 2억 원이 되지만, 30년간 적립하면 3억 9,000만 원으로 거의 두 배 가까운 차이를 보인다. 이처럼 복리 효과는 시간의 함수이기 때문에, 가능한 한 빨리 연금자산을 설계하고 실행하는 것이 핵심이다.

자동이체와 습관화

연금계좌 자동이체를 설정해두면, 매월 규칙적인 저축이 가능해지고 투자에 대한 긴장감도 줄어든다. 이는 단순히 자산을 모으는 것이 아닌 '재무적 생활 습관'을 형성하는 데 도움을 준다.

심리적 안정성과 장기투자 태도

정기적인 연금 적립은 심리적인 안정성을 가져다준다. 자산이 꾸준히 쌓이는 과정을 체험하면서 은퇴 이후에 대한 불안이 줄어들고, 단기 수익률에 연연하지 않는 투자 태도를 자연스럽게 체득하게 된다.

5. 연금 포트폴리오 조정과 은퇴 직전 전략

은퇴가 가까워질수록 자산 포트폴리오에서의 조정이 필요하다. 특히 주식 비중을 줄이고 안정형 자산(채권, 예금, 현금성 자산)의 비중을 확대함으로써, 수익의 변동성을 줄이고 안정적인 현금 흐름을 확보할 수 있다.

이 과정은 TDF 상품이나 변액연금의 자동전환 기능을 활용해 자동화할 수 있으며, 자산운용사 또는 재무설계사와의 정기 점검을 통해 보완할 수 있다.

PART 2
실제 은퇴설계 사례

은퇴설계 사례 분석: 35세 신화민 씨 가족의 은퇴 재무 계획

　은퇴설계는 단순히 "노후자금을 얼마 모을까?"라는 질문에서 시작하지 않는다. 현재 소비 수준, 기대수명, 물가상승률, 수익률, 연금 및 퇴직금 수령액 등 다양한 요소를 반영하여, 미래의 현실적인 생활비 필요 자금을 예측하고, 이를 오늘 기준으로 얼마를 준비해야 할지를 계산하는 종합적인 재무계획 과정이다.

　이번 사례에서는 35세의 가장 신화민 씨 가족이 은퇴 후 필요한 자금을 어떻게 계산하고, 어떤 방식으로 저축 계획을 세우는지를 구체적으로 분석해 본다.

1. 기본 가정 설정과 목표 생활비 산정

　신화민 씨 부부는 현재 두 자녀와 함께 생활하며, 월 평균 생활비는 약 240만 원이다. 은퇴 후에는 주거비, 교육비 등 일부 고정비용이 줄어들 것으로 가정하고, 현재 생활비의 70% 수준인 월 170만 원을 은퇴 후 생활비로 설정했다.

　또한 향후 물가 상승을 고려해 연 4%의 물가상승률을 가정하고 있으며, 은퇴 시점은 만 65세로 설정하였다. 따라서 이 계획은 총 30년 후를 기준으로 하는 중장기 은퇴설계 시나리오에 해당한다.

2. 물가상승률과 수익률을 반영한 은퇴 시점의 필요 생활비 계산

　현재 기준의 월 170만 원 생활비는, 매년 4%씩 물가가 오른다고 가정할 경우 은퇴 시점인 65세에는 훨씬 더 큰 금액이 필요하게 된다.

　이를 연 4%의 물가상승률로 복리 적용하면

$$\text{미래 생활비} = \text{현재 생활비} \times (1 + \text{물가상승률})^{\text{기간}}$$

= 1,700,000 × (1.04)^30 ≈ 3,904,000

즉, 은퇴 시점에는 월 약 390만 원이 필요하며, 이를 연간으로 환산하면 약 4,680만 원이다.

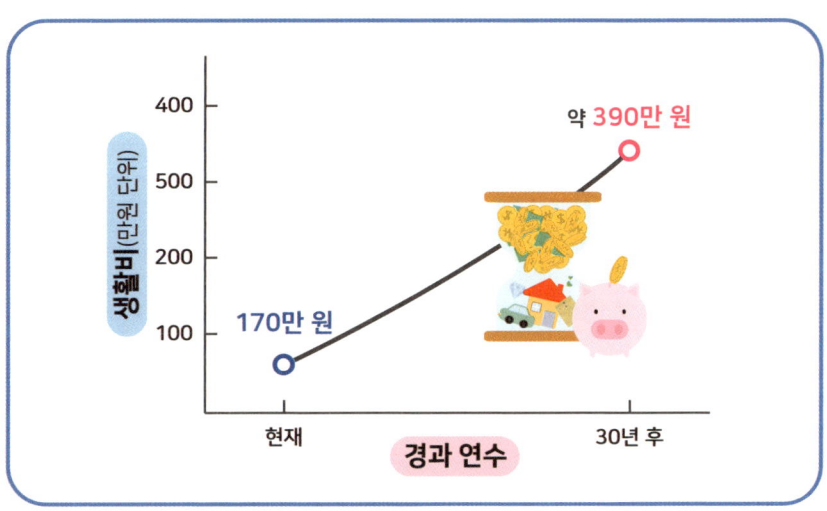

[물가상승을 반영한 미래 생활비 변화]

3. 은퇴 시점에서 필요한 총 자금 계산

은퇴 이후의 기대 생존기간을 30년(65세~95세)으로 잡을 경우, 연간 4,680만 원 × 30년 = 약 14억 원이라는 계산이 나오지만, 이는 단순합일 뿐이다. 실제 은퇴설계에서는 해당 금액에 투자 수익률을 반영하여 은퇴 시점에서 일시에 확보해야 할 총 자산(미래가치 기준)을 계산한다.

예상 은퇴 이후 투자수익률을 3%로 가정하면, 은퇴 시점의 총 필요자금은 약 8억 6,900만 원으로 산출된다. 이 수치는 은퇴 시점에 필요한 은퇴자산의 미래가치(FV)이다.

4. 퇴직금과 국민연금 등 보장소득 반영

신화민 씨는 국민연금 예상 수령액이 월 70만 원이며, 미래가치 기준으로 환산된 퇴직금은 약 1억 원으로 추정된다.

- 연금 수령액: 70만 원 × 12개월 = 연 840만 원
- 은퇴 30년 동안 수령 총액: 840만 원 × 30 = 2억 5,200만 원
- 퇴직금 미래가치: 약 1억 원

따라서 전체 확보 가능한 은퇴소득은 약 3억 5,200만 원이며, 앞서 계산한 총 필요 자금 8억 6,900만 원에서 이를 차감하면, 추가로 준비해야 할 자금은 약 5억 1,700만 원이다.

[은퇴자금 준비 시나리오 – 확보자산 vs 필요자산]

5. 현재 가치(PV)로 환산

30년 후 필요한 자금을 지금 기준으로 환산하기 위해서는 연 수익률을 반영한 현재가치(PV)를 계산한다.

예상 투자수익률을 연 7%로 가정할 경우, 다음과 같은 계산이 가능하다.

현재가치(PV) = 미래가치(FV) ÷ (1 + 수익률)^기간
= 517,000,000 ÷ (1.07)^30 ≈ 2억 3,700만 원

즉, 오늘 시점에서 약 2억 3,700만 원을 확보할 수 있다면 30년 후 은퇴자금 5억 이상을 마련할 수 있다는 의미이다.

6. 적립 방식에 따른 연간/월간 저축액 산정

이제 이 2억 3,700만 원을 확보하기 위해 신화민 씨가 얼마를 어떻게 저축해야 하는지를 산정해본다.

① 물가상승률을 반영한 증액식 저축

매년 저축액을 4%씩 증가시키는 방식으로 실제 월급 인상률과 연동해 현실적인 플랜을 구성한다.
- 예상 수익률: 연 7%
- 저축 기간: 30년
- 첫 해 연간 저축액: 약 500만 원 (월 약 42만 원 수준)

② 정액 방식의 저축

매년 동일한 금액을 저축하는 방식으로 가장 단순하고 계획 수립이 쉬운 방식이다.
- 예상 수익률: 연 7%
- 매년 동일 저축액: 연간 약 800만 원 (월 약 67만 원)

두 방식 모두 최종 목표인 현재가치 2억 3,700만 원 확보를 위한 구조이며 개인의 소득 구조, 생활 여건, 인플레이션 예측 등에 따라 유동적으로 선택할 수 있다.

[두 가지 저축 방식(증액식 vs 정액식)]

구분	증액식 저축	정액 저축
저축 방식	매년 4% 증가	매년 동일 금액
첫 해 기준	500만 원 / 월 42만 원	800만 원 / 월 67만 원
수익률 가정	연 7%	연 7%
특징	부담 적게 시작 → 점진적 증가	실행 단순, 예측 용이
추천 대상	월급이 오르는 직장인	수입 일정한 사람
공통 목표	30년간 현재가치 2억 3,700만 원 마련	

은퇴설계 사례 분석: 45세 김 OO 씨 가족의 은퇴 재무 계획

1. 기본 가정 설정과 목표 생활비 산정

김 OO 씨는 45세이고, 65세에 은퇴할 계획이다. 지금 가정의 월 생활비는 약 300만 원이다. 은퇴하면 교육비·교통비 같은 일부 지출이 줄어들 수 있으니, 현재 생활비의 70%인 월 210만 원(오늘 돈 기준)을 은퇴 후 생활비 목표로 잡았다. 앞으로 물가는 매년 4%씩 오른다고 보고, 적립하는 동안의 예상 수익률은 연 7%, 은퇴해서 돈을 꺼내 쓰는 기간의 수익률은 연 3%로 가정한다. 보장성 소득으로는 국민연금 월 100만 원을 받고, 퇴직금·IRP 일시금 1.5억 원을 은퇴 시점에 확보한다고 본다.

2. 물가상승률과 수익률을 반영한 은퇴 시점의 필요 생활비 계산

오늘 돈으로 월 210만 원이면 충분하더라도, 20년 뒤에는 물가가 오른 만큼 더 필요하다. 매년 4%씩 오른다고 보면 은퇴가 시작되는 65세에는 월 약 460만 원이 있어야 지금과 같은 생활 수준을 유지할 수 있다. 연간으로 바꾸면 약 5,520만 원이다. 즉, 김 OO 씨 가정이 은퇴 첫해에 현실적으로 쓰게 될 생활비는 이 정도 규모라고 이해하면 된다.

3. 은퇴 시점에서 필요한 총 자금 계산

은퇴 이후 30년(65~95세)을 살면서 매년 5,520만 원을 꺼내 쓸 계획이라면, 단순히 30년을 곱하는 것이 아니라 은퇴 기간에도 남은 돈이 연 3%로 불어난다는 점을 함께 본다. 이를 반영해 계산하면 은퇴가 시작되는 시점에 필요한 총 자금은 약 10.8억 원이다. 이 금액은 '65세에 한 번에 가지고 있어야 마음이 편한 안전 쿠션' 정도로 이해하면 쉽다.

4. 퇴직금과 국민연금 등 보장소득 반영

이제 스스로 다 준비할 필요는 없다. 국민연금과 퇴직금이 일부를 메워준다.

- 국민연금: 월 100만 원을 30년 동안 받는 가치를 은퇴 시점의 돈으로 환산하면 약 2.35억 원 정도다.
- 퇴직금·IRP: 은퇴 시점에 약 1.5억 원을 일시금으로 확보한다고 가정했다.

두 금액을 합치면 약 3.85억 원이 된다. 따라서 10.8억 원(총 필요액)에서 이를 빼면, 김 OO 씨가 스스로 추가로 마련해야 할 금액은 약 7억 원(정확히는 6.97억 원)이다.

5. 현재 가치(PV)로 환산

'그럼 지금 당장 얼마를 가지고 있어야 안심일까?'를 오늘 돈 기준으로 거꾸로 계산해 보자. 앞으로 20년 동안 돈을 모으는 동안 연 7%로 불어난다고 보면, 오늘 기준으로 약 1.8억 원을 확보하면 20년 뒤에 위에서 말한 약 7억 원을 맞출 수 있는 셈이다. 물론 지금 1.8억 원을 한 번에 준비하라는 뜻은 아니다. 20년 동안 계획적으로 모아서 7억 원을 만들자는 의미다.

6. 적립 방식에 따른 연간/월간 저축액 산정

이제 20년 동안 저축해 은퇴 시점에 약 7억 원을 만들려면 매달 얼마를 넣어야 할지 간단히 두 가지 방식으로 본다.

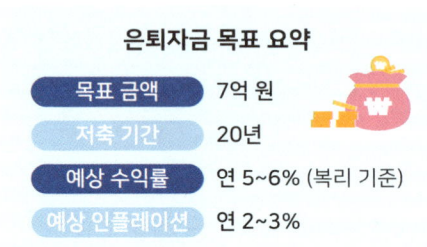

1. 증액식 저축 (현실형 접근법)

매년 저축액을 일정 비율씩 증가시키는 방식으로, 현실적인 소득 증가와 생활 패턴 변화를 반영한 전략이다.

저축 계획
- 1년 차: 월 104만 원 (연 1,248만 원)
- 증액률: 매년 4% 인상
- 10년 차: 월 약 154만 원
- 20년 차: 월 약 228만 원

연도별 저축액 상세

연도	월 저축액	연 저축액	누적 원금
1년 차	104만 원	1,248만 원	1,248만 원
2년 차	108만 원	1,298만 원	2,546만 원
3년 차	113만 원	1,350만 원	3,896만 원

5년 차	122만 원	1,459만 원	6,915만 원
10년 차	154만 원	1,844만 원	1억 4,802만 원
15년 차	193만 원	2,315만 원	2억 5,554만 원
20년 차	228만 원	2,741만 원	3억 7,419만 원

장점
- 초기 부담 완화: 시작 시 금액이 적어 부담이 덜함
- 현실적 접근: 연봉 상승에 맞춘 유연한 대응 가능
- 지속 가능성: 무리하지 않게 장기 유지 가능
- 인플레이션 대응: 매년 증액으로 물가 상승 상쇄

단점
- 후반부 부담: 월 200만 원 이상의 고액 저축 필요
- 관리 복잡성: 매년 금액 조정 필요
- 의지력 필요: 자동화 없이 실행 시 지속 어려움

2. 정액식 저축 (단순형 접근법)

20년 내내 동일한 금액을 저축하는 방식. 계산과 관리가 단순한 전략이다.

저축 계획
- 전 기간: 월 142만 원 (연 1,704만 원)
- 총 원금: 3억 4,080만 원
- 복리 효과: 약 3억 6,000만 원 (목표 달성)

20년간 저축 현황

구분	금액
월 저축액	142만 원 (고정)
연 저축액	1,704만 원
총 납입 원금	3억 4,080만 원
복리 수익	약 3억 6,000만 원
최종 목표액	약 7억 원

5년 단위 누적 현황

연도	월 저축액	연 저축액
1년 차	104만 원	1,248만 원
2년 차	108만 원	1,298만 원
3년 차	113만 원	1,350만 원
5년 차	122만 원	1,459만 원

장점
- 관리 용이성: 매월 동일 금액으로 자동이체 설정 후 관리가 매우 간단
- 예측 가능성: 정확한 월 지출 계획 수립 가능
- 심리적 안정: 변동 없는 고정 지출로 심리적 부담 적음
- 복리 효과: 초기부터 큰 금액 투자로 복리 효과 극대화

단점
- 초기 부담: 처음부터 월 142만 원의 큰 금액 부담
- 경직성: 소득 변화나 생활 상황 변화에 유연하게 대응하기 어려움
- 기회비용: 초기 여유자금 부족으로 다른 투자 기회 상실 가능

[소득 안정성과 자금 여유에 따른 개인 맞춤 전략 결정 트리]

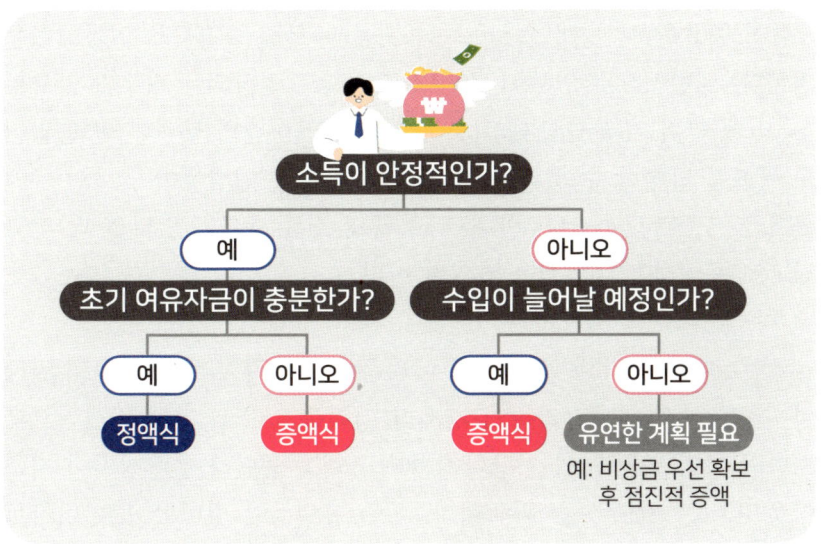

실행 전략 및 권장사항

1. 증액식 저축 선택 시

증액식 저축을 성공적으로 실행하기 위해서는 무엇보다 체계적인 사전 준비와 지속 가능한 시스템 구축이 중요하다. 먼저 1년 차에 월 104만 원을 꾸준히 저축할 수 있는지 현재의 수입과 지출 구조를 면밀히 분석해야 한다. 이는 단순히 돈이 있는지를 확인하는 것이 아니라, 생활비와 비상자금을 제외한 후에도 매월 일정 금액을 안정적으로 저축할 수 있는 여력이 있는지를 점검하는 과정이다.

저축의 효율성을 높이기 위해서는 자동 증액 시스템을 적극 활용하는 것이 좋다. 매년 1월에 자동으로 4%씩 저축액이 증가하는 적금 상품을 선택하면, 별도의 관리 없이도 목표에 맞는 저축 패턴을 유지할 수 있다. 이러한 자동화 시스템은 의지력에만 의존하지 않고 구조적으로 저축 목표를 달성할 수 있게 도와주는 장치이다.

특히 중요한 것은 개인의 소득 증가율과 저축 증액률을 연동시키는 것이다. 일반적으로 연봉이 매년 3~5% 정도 인상되는 경우가 많으므로, 이에 맞춰 저축 증액률을 조정하면 생활 수준의 급격한 변화 없이도 목표를 달성할 수 있다. 만약 예상보다 연봉 인상률이 낮다면 증액률을 2~3%로 낮추거나, 반대로 큰 폭의 소득 증가가 있다면 더 적극적으로 증액하는 유연성을 가져야 한다.

무엇보다 예기치 못한 경제적 어려움에 대비한 비상 계획을 수립해야 한다. 실직, 질병, 가족의 경제적 어려움 등으로 인해 일시적으로 저축이 어려워질 수 있는 상황에서는 증액을 중단하거나 심지어 저축액을 줄이는 것도 고려해야 한다. 이런 유연성이 있어야 20년이라는 긴 기간 동안 지속 가능한 저축이 가능하다.

2. 정액식 저축 선택 시

정액식 저축은 단순해 보이지만 실제로는 더 체계적인 재정 관리가 필요한 방식이다. 월 142만 원이라는 고정 금액을 20년간 지속하려면, 우선 현재 소득에서 이 금액을 제외하고도 충분한 생활비와 비상 자금을 확보할 수 있어야 한다. 일반적으로 월 소득의 30~40% 이상을 저축하는 것은 생활의 질을 크게 떨어뜨릴 수 있으므로, 최소한 월 소득이 350만 원 이상은 되어야 무리 없이 실행할 수 있다.

더 중요한 것은 20년간 지속 가능한 안정적인 소득원을 확보하는 것이다. 공무원, 대기업 정규직, 전문직과 같이 상대적으로 고용 안정성이 높은 직업군이거나, 여러 수입원을 다각화한 경우에 정액식 저축이 적합하다. 프리랜서나 소상공인처럼 소득 변동이 큰 경우에는 정액식보다는 소득 상황에 따라 조절 가능한 방식을 고려하는 것이 좋다.

리스크 관리 측면에서는 분산 투자 전략이 필수적이다. 월 142만 원이라는 큰 금액을 단일 금융상품에만 투자하는 것은 위험할 수 있다. 예를 들어, 절반은 안전한 적금이나 국채에, 나머지는 주식형 펀드나 ETF에 투자하는 방식으로 위험을 분산시키면서도 수익률을 높일 수 있다. 또한 투자 상품의 만기나 환매 시점을 다양하게 설정하여 유동성도 확보해야 한다.

마지막으로 정기적인 점검과 조정이 반드시 필요하다. 연 1~2회 정도는 목표 달성 진행률을 점검하고, 시장 상황이나 개인 상황 변화에 따라 투자 포트폴리오를 조정해야 한다. 특히 인플레이션이나 금리 변동으로 인해 실질 수익률이 계획보다 낮아질 경우, 투자 비중을 조정하거나 저축액 자체를 늘리는 것도 고려해야 한다. 이러한 능동적인 관리를 통해서만 20년 후 목표 금액을 안정적으로 달성할 수 있다.

PART 3
국민연금 예상 수령액 조회하기

국민연금은 국민의 노후를 위한 중요한 사회 보장 제도로, 매월 성실히 보험료를 납부하고 있는 사람이라면 누구나 '나는 나중에 얼마를 받을 수 있을까?' 하는 궁금증을 가지게 마련이다. 특히 직장에 다니며 월급에서 일정 비율의 보험료가 자동으로 빠져나가는 상황이라면, 지금까지 납부한 보험료 총액과 향후 예상 수령액에 대한 정보는 꼭 확인해 볼 필요가 있다.

이러한 정보를 가장 쉽게 확인할 수 있는 방법은 국민연금공단이 운영하는 '내 연금 사이트'와 모바일 앱 '내 곁에 국민연금'을 활용하는 것이다. 이 두 채널 모두 공인인증서 또는 카카오페이, 네이버 인증을 통해 간편하게 로그인할 수 있으며, 본인 인증만 완료하면 언제 어디서나 과거 납부 이력과 향후 예상 연금 수령액을 조회할 수 있다.

먼저, '내 연금 사이트'를 이용하면 다음과 같은 절차로 예상 연금액을 확인할 수 있다. 사이트에 접속한 후, '재무 설계' 메뉴를 클릭하고, 이어서 '국민연금 알아보기'를 선택하면 된다. 이후 본인 인증을 거쳐 로그인하면 '예상 연금액 조회' 메뉴를 통해 본인의 향후 수령 예정 금액을 확인할 수 있다. 이 외에도 노후 준비 종합 진단, 연금 관련 온라인 상담, 다양한 노후 준비 정보 등을 함께 제공받을 수 있어 활용도가 높다.

또한, 모바일 앱인 '내 곁에 국민연금'을 통해서도 손쉽게 동일한 기능을 사용할 수 있다. 스마트폰에 해당 앱을 설치한 후, 공인인증서 또는 카카오페이·네이버 인증으로 로그인하면 메인 화면에서 바로 자신의 예상 연금 수령액을 확인할 수 있다. 이 앱은 단순 조회 기능뿐만 아니라, 가입 이력과 함께 부양가족 등록, 출산 및 군 복무 크레딧 적용 여부 등 개인 맞춤 설정도 가능하다.

은퇴 설계는 단순히 돈을 모으는 과정이 아니다. 그것은 자신의 가치를 반영한 삶의 설계이자, 불확실한 미래에 대비한 가장 현실적인 준비이다. 목표 금액을 구체적으로 설정하고, 이를 달성할 수 있는 수익률 전략과 장기 실행 전략을 세우는 일은 결국 '나와 내 가족이 원하는 삶'을 선택하는 과정이다.

지금, 숫자에서 시작해 삶을 설계할 때다. 그리고 그 시작은 오늘 이 글을 읽는 지금 이 순간일 수 있다. 늦었다고 생각할 때가 가장 빠른 때이며, 단 한 달의 준비라도 꾸준히 이어진다면 은퇴 이후의 삶은 전혀 다른 풍경이 될 것이다.

[앱을 이용한 연금 수령액·가입 이력 간편 확인]

퇴직연금, 개인연금 한 번에 조회하기

금융감독원이 운영하는 '통합연금포털'은 국민연금, 퇴직연금, 개인연금 등 여러 종류의 연금 정보를 한눈에 확인할 수 있는 온라인 플랫폼이다. 이 포털은 연금 가입자라면 누구나 활용할 수 있으며, 회원 가입 없이도 일부 기본 정보는 확인이 가능하다. 연금 정보를 각 기관별로 따로따로 조회하던 기존 방식에 비해, 하나의 플랫폼에서 통합적으로 확인할 수 있다는 점에서 매우 효율적이다.

통합연금포털의 가장 큰 장점은 편리성과 정확성이다. 국민연금공단, 각 금융회사, 퇴직연금 사업자 등 여러 기관에서 흩어져 관리되던 정보를 한 번의 로그인으로 종합 조회할 수 있으며, 금융감독원이 관리하는 시스템이기 때문에 정보의 신뢰도와 정확성 또한 높다. 이를 통해 사용자들은 연금 정보를 주기적으로 점검하고, 노후 자금 계획을 보다 실질적으로 세울 수 있는 기반을 마련할 수 있다.

이 포털에서 확인할 수 있는 정보는 매우 다양하다. 국민연금의 가입 기간, 납부 내역, 예상 수령액은 물론, 퇴직연금의 제도 유형, 적립금, 수령 방식, 개인연금의 상품별 적립 내역까지 통합적으로 확인할 수 있다. 또한 이 정보를 바탕으로 향후 수령 가능한 연금의 총액을 예상해 볼 수 있으며, 예상 수령액이 부족할 경우 부족분에 대한 대책을 조기에 마련할 수 있는 기회가 된다.

포털 이용 방법은 간단하다. '통합연금포털' 홈페이지에 접속해 로그인 버튼을 클릭한 뒤, 공인인증서, 아이핀, 카카오페이 등의 방식으로 인증을 진행하면 된다. 로그인 후에는 메인 화면에서 원하는 메뉴를 선택해 본인의 연금 가입 정보와 예상 수령액을 조회할 수 있다. 퇴직이 가까운 시기에는 퇴직연금 적립 상태와 수령 방식을 미리 확인하고 결정하는 것도 중요하며, 포털에서 제공하는 정보를 기반으로 합리적인 선택을 할 수 있다.

[웹 포털을 통한 퇴직·개인연금 통합 조회]

주택연금 신청도 연금 준비를 위한 한 가지 방법

대부분의 직장인들이 은퇴 후 받게 될 국민연금만으로는 노후 생활비를 충당하기 어려운 것이 현실이다. 국민연금 평균 수령액이 월 60~80만 원 수준에 머무르고 있어, 최소한의 생활비인 월 200~300만 원에는 크게 못 미치는 상황이다. 이런 부족분을 메우기 위해 많은 사람들이 개인연금이나 퇴직연금에 가입하지만, 매월 납입해야 하는 보험료 부담이 만만치 않다. 특히 월 50~100만 원씩 개인연금에 납입하다 보면 현재 생활비에 부담이 되어 중도 해지하는 경우도 빈번하다.

이런 상황에서 집을 소유하고 있다면 주택연금이라는 새로운 선택지를 고려해 볼 수 있다. 주택연금은 현재 생활비 부담 없이 미래의 연금 소득을 확보할 수 있는 방법이기 때문이다.

주택연금은 한국주택금융공사가 보증하는 역모기지 제도로, 집을 소유하고 있으면서도 현금 소득이 부족한 고령층을 위한 금융상품이다. 가장 큰 장점은 집에서 계속 거주하면서도 그 집을 담보로 평생 연금을 받을 수 있다는 점이다. 일반적인 대출과 달리 매월 이자를 납부할 필요가 없고, 사망 후 주택 매각 시점에 원리금을 정산하는 구조이다.

특히 주택연금은 장수 리스크에 대한 완벽한 보장을 제공한다. 예상보다 오래 살아서 받은 연금 총액이 주택 가격을 초과하더라도 추가 부담이 없다. 반대로 일찍 사망할 경우에는 남은 주택 가치가 상속인에게 돌아간다. 이는 개인연금에서 연금 수령 중 사망 시 잔여 가치를 완전히 상실하는 것과는 대조적이다.

주택연금 가입 조건과 대상

주택연금에 가입하려면 몇 가지 조건을 충족해야 한다. 우선 주택 소유자나 배우자가 만 55세 이상이어야 하며, 부부 합산 기준으로 공시가격 12억 원 이하의 주택을 소유해야 한다. 다주택자라도 총 공시가격이 12억 원 이하면 가입 가능하다. 또한 해당 주택에 실제 거주하고 있어야 한다는 거주 요건도 있다.

대상 주택은 일반 주택뿐만 아니라 노인복지주택, 주거 목적 오피스텔도 포함된다. 상가와 주택이 복합된 건물의 경우 주택 면적이 전체의 50% 이상이면 가입할 수 있다. 주택 가격은 한국부동산원이나 국민은행의 시세를 우선 적용하고, 필요시 감정평가를 통해 결정한다.

주택연금을 더욱 효과적으로 활용하려면 가입 시기를 신중히 결정해야 한다. 대출 기간이 길수록 이자 부담이 기하급수적으로 늘어나므로, 다른 소득원이 있다면 굳이 일찍 가입할 필요가 없다. 예를 들어 퇴직금이나 개인연금, 예금 등으로 10~15년 정도 생활할 수 있다면, 그 자금을 먼저 활용하고 70~75세 정도에 주택연금에 가입하는 것이 이자 부담을 줄이는 방법이다.

또한 주택연금과 다른 연금을 조합하여 활용하는 전략도 효과적이다. 국민연금과 주택연금을 기본으로 하고, 부족한 부분만 개인연금으로 보완하면 전체적인 연금 부담을 크게 줄일 수 있다. 특히 현재 과도한 개인연금 납입으로 생활비가 부담된다면, 일부를 주택연금으로 대체하여 현재와 미래의 균형을 맞추는 것이 바람직하다.

　부부가 각각 주택을 소유하고 있다면 한 채는 주택연금으로 활용하고 다른 한 채는 상속용으로 보존하는 방법도 있다. 이렇게 하면 안정적인 노후 소득과 상속 재원을 동시에 확보할 수 있다.

연금 지급 방식과 예상 수령액
　주택연금의 지급 방식은 크게 종신 지급 방식, 확정 기간 방식, 혼합 방식 등으로 나뉜다.

[내가 받는 연금은 어떻게 결정될까?]

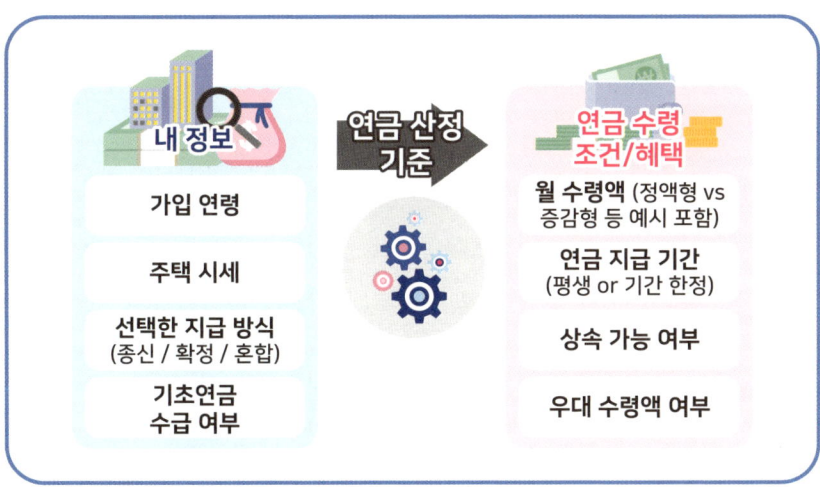

가장 많이 선택하는 종신 지급 방식은 다시 정액형, 초기 증액형, 정기 증감형으로 구분된다. 정액형은 평생 동일한 금액을 받는 방식이고, 초기 증액형은 처음 3~10년간 많이 받고 이후 줄어드는 방식이며, 정기 증감형은 3년마다 연금액이 증가하는 방식이다.

구체적인 수령액을 살펴보면, 3억 원 상당의 주택을 70세에 정액형으로 가입할 경우 월 89만 원 정도를 평생 받을 수 있다. 6억 원 주택의 경우에는 월 178만 원 정도가 된다. 이는 주택 가격에 비례하여 결정되므로, 주택 가치가 높을수록 더 많은 연금을 받을 수 있다.

기초연금 수급자이면서 2.5억 원 미만의 1주택을 보유한 경우에는 우대 방식을 선택할 수 있는데, 이때는 일반 종신 방식보다 최대 20% 많은 연금을 받을 수 있다.

주택연금은 무료로 제공되는 서비스가 아니다. 가입 시 주택 가격의 1.5%에 해당하는 가입비와 매년 대출 잔액의 0.75%에 해당하는 보증료를 부담해야 한다. 또한 대출 이자도 발생하는데, CD 금리에 1.1%를 더하거나 COFIX 금리에 0.85%를 더한 금리가 적용된다.

중요한 점은 이런 비용들이 모두 복리로 누적된다는 것이다. 예를 들어 4억 원 주택으로 65세부터 100세까지 36년간 주택연금을 받는다면, 총 4.4억 원의 연금을 받지만 그동안 누적된 이자와 보증료가 4.2억 원에 달한다. 즉, 실제 받은 연금 4.4억 원과 이자·보증료 4.2억 원을 합해 총 8.6억 원이 부채로 기록되는 것이다.

이렇게 보면 부담스러워 보이지만, 주택 가격이 8.6억 원을 넘으면 차액이 상속되고, 못 미치더라도 추가 부담은 없다는 점에서 일반 대출과는 다른 특성을 가진다.

주택연금 가입 시기, 주택연금 선택 시 고려사항

주택연금을 선택하기 전에 반드시 고려해야 할 요소들이 있다.

[나는 주택연금에 적합할까?]

- ☐ 집을 소유하고 있으며 실거주 중이다
- ☐ 본인 또는 배우자가 만 55세 이상이다
- ☐ 주택 공시가격이 12억 원 이하이다 (부부 합산 기준)
- ☐ 국민연금·개인연금만으로는 노후 생활비가 부족할 것 같다
- ☐ 매월 일정한 개인연금 보험료 납입이 부담스럽다
- ☐ 상속보다 안정적인 생활비 확보가 더 중요하다
- ☐ 건강 상태가 양호하거나 장수 가족력이 있다

➡ **5개 이상 해당**하면 주택연금이 유용한 대안이 될 수 있습니다.

우선 주택 가격의 상승 가능성을 생각해야 한다. 향후 주택 가격이 크게 상승할 것으로 예상된다면 주택연금보다는 주택을 보유하면서 다른 방법으로 연금을 마련하는 것이 유리할 수 있다.

건강 상태와 기대 수명도 중요한 고려사항이다. 가족력이나 현재 건강 상태를 고려하여 예상 수명이 짧다면 주택연금의 효용이 떨어질 수 있다. 반대로 장수 가족력이 있다면 주택연금의 장점이 극대화된다.

또한 자녀들의 상황도 고려해야 한다. 자녀들이 경제적으로 여유가 있고 부모의 주택 상속에 큰 의미를 두지 않는다면 주택연금이 좋은 선택이 될 수 있다. 하지만 자녀들이 경제적으로 어렵고 주택 상속을 기대하고 있다면 가족 간 충분한 논의가 필요하다.

주택연금은 국민연금과 개인연금만으로는 부족한 노후 준비를 보완할 수 있는 유용한 수단이다. 특히 개인연금 납입 부담으로 현재 생활

이 어려운 상황이라면, 일부를 주택연금으로 대체하여 현재와 미래의 균형을 맞추는 것이 현명한 선택이 될 수 있다. 다만 주택연금의 비용 구조와 특성을 정확히 이해하고, 개인의 상황에 맞는 가입 시기와 활용 전략을 수립하는 것이 중요하다. 무엇보다 가족들과 충분히 상의하여 모두가 납득할 수 있는 노후 설계를 하는 것이 필요하다.

PART 4
은퇴설계 빨리 시작해야 하는 이유

은퇴설계에서 가장 핵심적인 요소 중 하나는 '기간'이다. 언제 시작하느냐에 따라 동일한 목표 금액을 달성하기 위한 부담이 크게 달라지며, 특히 복리의 효과가 작용하는 금융 환경에서는 조기 시작의 중요성이 더욱 부각된다.

복리는 단순히 원금에 이자가 붙는 구조가 아니라, 이자에 다시 이자가 붙는 누적 효과를 의미한다. 이 복리 구조에서는 투자 금액보다 투자 기간이 자산 규모에 더 큰 영향을 미치게 된다. 즉, 늦게 시작할수록 더 많은 금액을 불리한 조건에서 투자해야 하며, 이는 심리적·경제적 부담을 가중시킨다.

예를 들어, 65세 은퇴를 목표로 연 5%의 수익률을 가정했을 때, 목표 자산을 2억 원으로 설정하면 조기 시작과 지연 시작 간의 부담 차이가 뚜렷하게 나타난다. 25세에 준비를 시작하면 매월 약 14만

2,000원을 40년간 저축해 총 6,816만 원을 납입하면 되지만, 같은 목표를 55세부터 준비하려면 매월 132만 2,000원을 10년간 저축해 총 1억 5,864만 원을 납입해야 한다. 이는 단순히 시작 시점의 차이만으로도 총 납입금이 2배 이상 증가하고, 월 납입금은 9배 이상 부담된다는 사실을 의미한다.

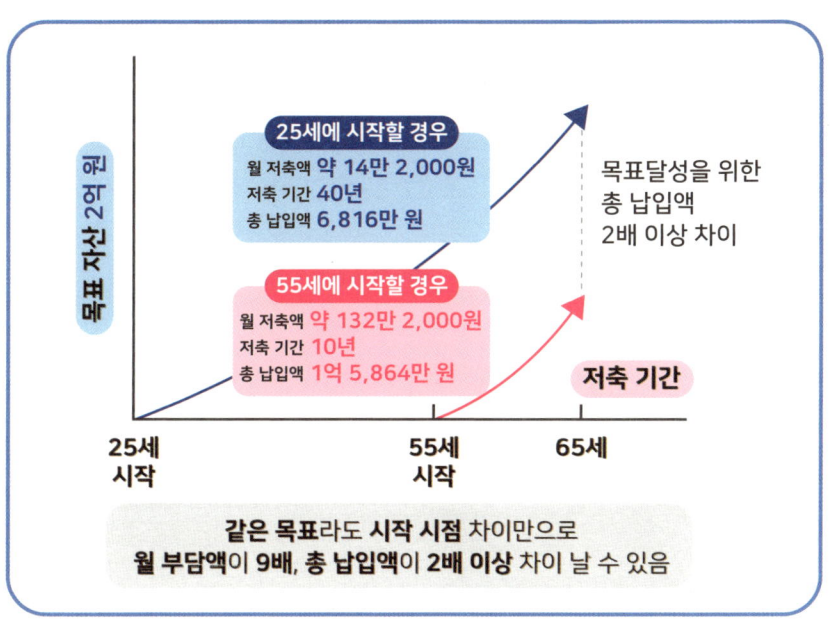

은퇴 준비는 이처럼 '빨리 시작할수록 유리한 게임'이다. 조기에 시작한 사람은 상대적으로 적은 금액으로도 장기적인 자산 형성이 가능하고, 장기간에 걸쳐 시장 변동성을 분산할 수 있는 여유도 갖게 된다. 즉, 시장이 일시적으로 하락하더라도 장기 투자로 인해 회복 가능성이 높아지며, 투자 수익률의 변동에도 유연하게 대응할 수 있는 구조가 형성된다.

더불어, 일찍 준비할수록 매달 저축해야 할 금액도 줄어들기 때문에 심리적 부담 역시 경감된다. 예컨대 20대 후반이나 30대 초반부터 소액이라도 연금저축이나 IRP(개인형 퇴직연금) 등을 활용해 자동이체 방식으로 투자한다면, 장기적으로 큰 자산을 형성할 수 있을 뿐 아니라 절세 혜택도 함께 누릴 수 있다.

은퇴설계에 있어 '아직 시작하지 않았다'는 것은 더 늦기 전에 지금부터라도 시작해야 한다는 신호이다. 늦게 시작했더라도 지금이 가장 빠른 시기이며, 중요한 것은 지금부터 얼마나 꾸준히, 전략적으로 준비할 수 있느냐에 달려 있다. 따라서 은퇴준비의 첫걸음은 거창한 자산 설계가 아닌 '시작' 그 자체이며, 작은 금액이라도 정기적으로 투자하는 습관을 형성하는 것이 실질적인 은퇴 경쟁력을 좌우하게 된다.

[빠르게 시작할수록 커지는 자산 효과]

STEP 1
일찍 시작할수록
- 매월 저축 금액 부담 ↓
- 심리적 여유 ↑
- 복리 효과 ↑

STEP 2
시장 변동에도 유연하게 대응
- 장기 투자로 회복 가능성 ↑
- 자동이체·장기투자 습관화
- 절세 혜택 병행 가능 (연금저축, IRP 등)

STEP 3
지금이 가장 빠른 시점
- 중요한 건 '얼마나 일찍'보다 '지금부터 얼마나 꾸준히 준비할지'
- 작은 금액이라도 시작이 핵심!

PART 5
목표 수익률 관리 방법

은퇴 설계에서 목표 수익률 관리 전략은 자산을 축적하고 안정적으로 운용하기 위한 핵심 요소이다. 단기 매매를 통한 공격적인 수익 추구보다 중요한 것은 장기적 안목으로 현실적인 목표 수익률을 설정하고, 이를 안정적으로 달성하기 위한 체계적인 자산 운용 전략을 수립하는 것이다.

목표 수익률이란 은퇴 시점까지 자산을 운용하면서 기대하는 연평균 수익률을 말한다. 이 수치는 은퇴 후 필요한 생활 자금과 준비 기간, 그리고 개인의 위험 감내 수준을 고려해 산정되어야 하며, 단순히 높은 수익률을 쫓기보다는 안정적인 자산 축적에 집중해야 한다. 일반적으로 은퇴 설계에서 5% 내외의 수익률을 목표로 설정하는 것이 현실적인 범위이며, 국민연금 역시 약 4~5% 수준의 장기 수익률을 목표로 자산을 운용하고 있다.

[목표 수익률 5%를 어떻게 달성할 수 있을까?]

전략적 자산배분	투자상품 선택	리스크 관리	정기적 점검
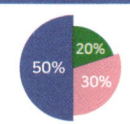		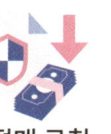	
- 포트폴리오 구성 - 연 1회 리밸런싱	- 펀드 / ETF - 목표수익형	- 손절매 규칙 - 조건부 매도	- 리밸런싱 - 금리/물가 반영

목표 수익률을 달성하기 위한 첫 번째 전략은 '전략적 자산 배분'이다. 주식, 채권, 대체 투자 등 자산군별로 적절히 분산해 포트폴리오를 구성하고, 특정 자산의 가격 급등락에 따른 변동성을 줄이는 것이 중요하다. 예를 들어 주식 55%, 채권 30%, 대체 투자 15% 비중으로 구성된 포트폴리오는 평균적으로 연 5~6% 수준의 수익률을 기대할 수 있는 안정적인 구조로 평가된다. 이러한 자산 배분 전략은 연 1회 이상 리밸런싱을 통해 시장 상황과 투자자의 라이프 사이클 변화에 맞춰 조정되어야 하며, 이 과정은 수익률 달성과 리스크 완화에 모두 기여한다.

두 번째 전략은 투자 상품의 성격을 명확히 이해하고 선택하는 것이다. 실적 배당형 상품인 펀드, ETF는 중장기 목표 달성에 효과적이며, 최근에는 목표 수익률형이나 목표 전환형 상품을 통해 특정 수익률 도달 시 자동으로 안정 자산으로 전환해 수익을 확정 짓는 구조도 활용되고 있다. 이러한 상품은 손실을 줄이고 심리적 부담을 덜어주는 데 효과적인 수단이 될 수 있다.

세 번째 전략은 리스크 관리이다. 은퇴 설계는 수익을 극대화하는 것이 목적이 아니라, 손실을 최소화하는 것이 더 중요하다고 할 수 있다. 따라서 손실이 일정 수준에 도달하면 자동으로 환매하도록 설정하는 손절매 규칙(Stop-Loss), 목표 수익률 달성 시 부분 이익을 실현하는 조건부 매도 전략이 필요하다. 시장 변동성이 큰 시기에는 원칙 중심의 투자 태도가 더욱 중요해지며, 자산 운용에서 '심리적 편향'을 줄이는 데도 효과적인 장치가 된다.

네 번째는 정기적인 점검이다. 목표 수익률, 자산 배분 비중, 투자 기간은 고정된 수치가 아니라 개인의 재정 상황과 경제 여건에 따라 유연하게 조정되어야 한다. 특히 인플레이션이나 금리 변동 등 거시적 변수는 장기 수익률에 영향을 미치기 때문에 이를 반영한 포트폴리오 리밸런싱이 필수적이다.

  최근에는 변액보험을 통한 은퇴 설계도 주목받고 있다. 변액연금보험은 보증 옵션을 통해 원금 손실 리스크를 줄이는 동시에, 자동 포트폴리오 리밸런싱 기능이 내장되어 있어 장기적인 수익률 관리에 유리하다. 일정 수준의 수익률 도달 시 안전 자산으로 자산을 자동 전환하거나, 자산 간 리밸런싱을 통해 시장 흐름에 유연하게 대응하는 기능이 장점이다. 더불어 최근 출시된 AI 기반 금융 상품이나 로보어드바이저 서비스 역시 투자자의 리스크 허용도와 목표 수익률에 맞춘 자동화된 자산 운용 전략을 제공하고 있어, 디지털 기반 자산 관리 도구를 적극 활용하는 것도 바람직한 접근이다.

송윤석 전문가의 연금솔루션
**달러연금보험으로 완성하는
글로벌 은퇴자산법!**

송윤석

- AIA 파트너스 지점장
- 'SBS Biz 경제TV' 전문가 패널 출연
- 'JTBC 슈퍼리치 시즌 2' 전문가 패널
- '한국경제TV', 'OBS경인방송' 등 다수 출연
- '네이버 경제M', 'BC카드' 경제 칼럼리스트

AIA 파트너스 세일즈 리더로 활동하며, 'SBS Biz 경제TV'와 'JTBC 슈퍼리치 시즌 2' 등 주요 방송의 전문가 패널로 수년째 활약해 온 금융·자산관리 전문가다. '한국경제TV'와 'OBS경인방송' 등 다양한 채널을 통해 달러 투자와 글로벌 금융시장 분석을 전하며 신뢰를 쌓아왔다.

그는 강달러 시대에 주목해야 할 핵심 자산으로 달러 연금보험을 제시한다. 달러 가치 상승에 따른 환차익과 확정 금리, 절세 효과까지 기대할 수 있어 자산가뿐만 아니라 일반 투자자들에게도 매력적이다. 특히 부동산에 자산이 편중된 국내 현실에서 달러 기반 연금보험은 안정적인 포트폴리오를 구축하는 대안이 될 수 있다고 강조한다.

이 글을 시작하며

강달러 시대, 세계 패권을 가진 미국 달러에 투자하라

트럼프2기가 시작되자 '자국 우선주의'와 '관세인상 여파'로 달러가치가 상승할 것이라는전망이 쏟아지며 전세계가 미국으로 관심이 커지고 있다. 이런 상황에서 달러 연금보험을 찾는 자산가가 늘어나고 있다. 부동산을 팔아 수억, 수십억을 맡기는 경우도 많아지고 있고 매월 작은 금액이라도 먼 미래를 위해 달러를 모으는 분들도 점차 많아지고 있는게 사실이다. 달러보험은 보험료를 '원화'를 '달러'로 자동 환전되어 납입되고 만기시점에 보험금 수령도 '달러'로 받게 된다. 그러다 보니 달러가치가 상승했을 때 환차익을 받게 되어 추가로 이익을 볼 수도 있다.

달러 연금보험은 10년이란 기간 동안 최대 6% 확정금리를 보장받게 된다. 과세이연, 분산 등의 절세목적으로도 장점이 많다. 일시납 상품은 1억 이하를 납입하고 10년 이상 유지하게 되면 이자소득이 전액 비과세 되며, 보험금 수령 시점에 환차익이 발생해도 과세하지 않는 비과세 혜택이 되는 큰 장점이 있다. 특히 우리나라 처럼 대부분 자산이 부동산에 쏠려 있는 경우라면, 연금으로 원화 보다는 가치가 상승하는 달러 자산으로 자산 배분 효과는 물론 안전한 포트폴리오를 구축하기를 권한다.

PART 1
달러연금보험, 환율과 금리에 따라 움직이는 글로벌 연금자산

달러연금보험은 보험료 납입과 연금 수령이 모두 미국 달러(USD)로 이루어지는 외화보험의 한 형태이다. 일반적인 원화 연금보험과 달리, 이 상품은 달러 기준으로 자산을 운용하고 연금을 지급받기 때문에, 환율 및 글로벌 금리의 영향을 직접적으로 받는 것이 특징이다. 최근 원화 가치 하락과 글로벌 인플레이션 환경 속에서 환헤지 수단 및 연금자산의 분산투자 수단으로 달러연금보험에 대한 관심이 높아지고 있다. 특히 확정금리 보장 구조와 더불어 환차익까지 기대할 수 있는 이중 구조는 자산가 중심으로 주목받는 이유다.

왜 달러인가?

세계 3대 안전자산을 꼽는 다면, 금(GOLD)이나 채권이라고 답하는 경우도 있지만, 단연 달러가 빠질 수 없다. 이는 전세계 기축통화로써의 달러가 나라간 무역을 결제하는 수단이며, 특히 페트로머니(석유 거래시 거의 유일하게 달러로 결재)로도 잘 알려져 있기도 하다.

[세계 3대 안전자산은?]

금
- **고유 가치**: 금은 인류 역사상 오랜 기간 동안 가치가 인정됨. 다양한 문명에서 경제적 보유자산 및 거래 수단으로 사용
- **보편 자산**: 경제적 불확실성이나 금융 위기 시에는 금이 안전 자산으로서의 역할 수행. 이는 금이 통화로서의 기능을 상실하지 않고, 국제적으로 유동성이 높기 때문

채권
(특히 미국국채)
- **신용 평가**: 미국 국채는 미국 정부가 발행한 채권으로, 매우 높은 신용 등급을 보유한 국제적으로 신뢰받는 안전 자산
- **안정성**: 미국 국채는 거의 무위험 자산으로 간주되며, 투자자들에게 안정된 이자 수익을 제공

미국달러
(USD)
- **세계적인 결제 수단**: 미국 달러는 세계에서 가장 널리 사용되는 통화. 이는 미국의 경제력과 금융 시장의 규모 때문
- **신뢰성**: 미국 달러는 국제 경제 및 금융 시장에서 매우 높은 신뢰 수준. 이는 미국의 경제력과 정치적 안정성에 근거
- **유동성**: 미국 달러는 글로벌 금융 시장에서 높은 유동성을 가지며, 국제 거래에서 안정적인 결제 수단으로 사용됨

[미국 달러가 기축통화가 된 핵심 이유는?]

1. 국제 결제 수단으로의 기능

- 제2차 세계 대전 이후 미국은 압도적인 경제력과 군사력을 바탕으로 세계 경제의 중심축으로 부상
- 전세계 국가들로 하여금 국제 무역 및 금융 거래에서 달러를 주요 통화로 사용하도록 유도 및 기축통화로 자리매김

2. 막대한 금 보유량

- 과거 미국은 세계 최대의 금 보유국이었으며, 이는 달러에 대한 신뢰를 높이는 중요한 요소
- 금은 오랜 역사 동안 보편적인 가치 기준으로 여겨져 왔기 때문

3. 선진 금융 시장

- 미국은 세계에서 가장 발전된 금융 시장을 보유. 투자자들은 달러자산에 쉽게 투자하고 거래할 수 있으며, 이는 달러에 대한 수요를 높이는 데 기여 및 다양한 금융 거래에 사용될 수 있는 범용성을 제공

4. 석유와의 연계

- 미국 달러는 석유 거래의 주요 통화. 석유는 현대 경제에 필수 자원이기 때문에, 이는 달러의 중요성을 더욱 강화

이렇듯 달러는 우리가 세계 어느 곳에 여행을 가더라도 꼭 필요한 현금이며, 현지화폐로 환전하기에 가장 안전한 수단으로 이미 그 가치는 수 십 년간 인정받고 있기도 하다.

보험료부터 연금까지 '달러'로 운용되는 구조

달러연금보험은 보험료를 낼 때부터, 계약 유지 중 적립, 그리고 연금 수령에 이르기까지 전 과정이 달러 기준으로 이루어진다. 일부 보험사는 원화 납입도 가능하게 하지만, 실질적으로는 납입 시점의 환율로 환산된 달러 금액이 보험 계약에 반영되므로, 환율에 따라 납입 부담이 달라질 수 있다.

연금 수령 역시 기본적으로 달러로 진행되며, 고객의 선택에 따라 원화로 전환해 수령하는 것도 가능하다. 이때 수령 시점의 환율이 높을수록 원화 환산 수령액은 증가하게 된다.

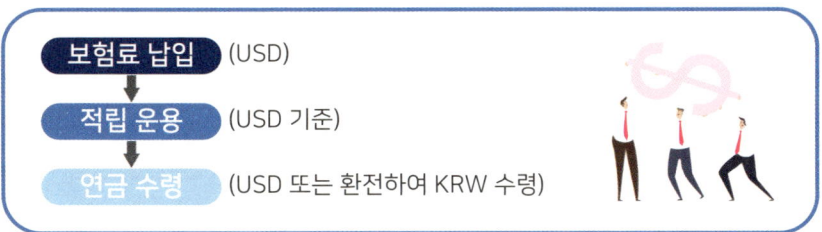

[달러연금보험 구조]

환율과 금리, 두 가지 변수에 따라 가치가 달라지는 구조

달러연금보험의 핵심적인 변수는 환율과 글로벌 금리이다. 예를 들어 연금 수령 시점에 원/달러 환율이 상승했다면, 같은 달러 금액이라도 원화 기준 수령액은 증가하게 되어 환차익이 발생한다. 반면 환율이 하락했다면 수령액이 줄어들 수 있다. 이처럼 환율 변동성은 수령자의 입장에서 '기회'이자 '위험'이 될 수 있는 요인이다.

또한 금리 측면에서 보면, 달러 연금보험은 일반적으로 국내 원화 상품 대비 높은 확정금리(연 2~5%)를 제시하는 경우가 많다. 특히 가입 시 확정된 이율을 10년~20년 장기 보장하는 구조가 많아, 저금리 환경에서 안정적 이자 수익을 원하는 고객에게 유리한 조건을 제공한다.

[환율과 금리에 따라 달라지는 연금 수령액 비교]

115

다양한 연금 수령 옵션 제공

달러연금보험은 연금 개시 이후에도 다양한 수령 방식을 선택할 수 있도록 설계되어 있다.
- 종신연금형은 생존 기간 동안 평생 연금을 지급받는 방식이다.
- 확정기간형은 10년, 20년 등 정해진 기간 동안 연금을 지급한 후 종료된다.
- 상속형은 연금 수령 중 사망 시 남은 원금이나 일부 금액을 유가족에게 지급하는 구조이다.

이러한 연금 방식 선택은 가입자의 연령, 가족 구조, 목적 자금 성격에 따라 달리 설계될 수 있다.

[연금 수령 옵션 비교]

수령 방식	특징	유리한 상황
종신연금형	평생 지급	장수 리스크 대비, 노후 안정성 중시
확정기간형	10년·20년 등 정해진 기간 지급	자금 용도 예측 가능할 때
상속형	사망 시 유가족에게 일부 지급	상속 목적, 가족 보호 고려 시

PART 2
A사 달러연금보험의 주요 특징

달러 연금을 판매하고 있는 보험사는 몇 곳이 있다. 그중 A사 달러연금의 특징을 살펴보면 아래와 같은 내용들이 눈길을 끈다.

- 사망 보장 추가: 연금이라도 만약 중도에 사망 시 납입 원금은 물론 사망 보험금도 추가로 지급함
- 먼 미래에 연금 지급(또는 일시금 수령) 시 확정 수익 가능(고정 이율 제공)
- 10년 동안 확정된 수익률로 환급되어 은퇴 후 불안함을 없애 드림
- 원화로 납입하고 지급은 달러로 받게 되는데, 미래에 환차익이 발생해도 세금이 없음
- 가치가 하락하는 원화와 달리 달러는 노후 자산을 지키는 가장 확실한 방법
- 가입 후 10년이 지나면 비과세 혜택으로 이자(수익)에 대한 이자소득세(15.4%)가 발생하지 않음
- 급하게 돈이 필요할 때 중도 인출로 유동성 확보
- 납입 기간 중 일반암 진단받으면 이후에 보험료 납입이 면제됨
- 헬스케어 서비스 탑재: 24시간 전문 간호사 전화 상담, 암 등 중대 질병 시 대형 병원 우선 예약 진료 및 전문 간호사 병원 동행, 입원 시 간병인 무료 지원 등 많은 서비스를 제공(일정 금액 이상 가입 시 본인 및 직계 존비속 포함 헬스케어 서비스 제공)

달러로 납입하고, 달러로 수령
- 미국 달러는 글로벌 기축통화로, 자산 가치 안정성이 높은 편이다.
- 원화 가치 하락 시 환차익 효과까지 기대할 수 있어, 글로벌 자산 포트폴리오 구성에 유리하다.

20년간 확정 금리 제공
- 가입 시점에 공시되는 확정이율(현재 기준 약 5% 초중반)을 20년간 고정 적용
- 실질적인 연복리 수익률은 4% 중후반대 수준으로, 국내 금융상품

과 비교해도 경쟁력 있는 수익률이다.

연금 수령 방식 다양

- 확정형: 10년 또는 20년 확정 기간 동안 수령
- 초기집중형: 초기 10~20년 동안 높은 금액 수령 후 조정
- 상속형: 이자만 수령하고 원금은 상속
- 일시금 수령 가능: 20년 후 해지환급금 일시 수령 선택 가능

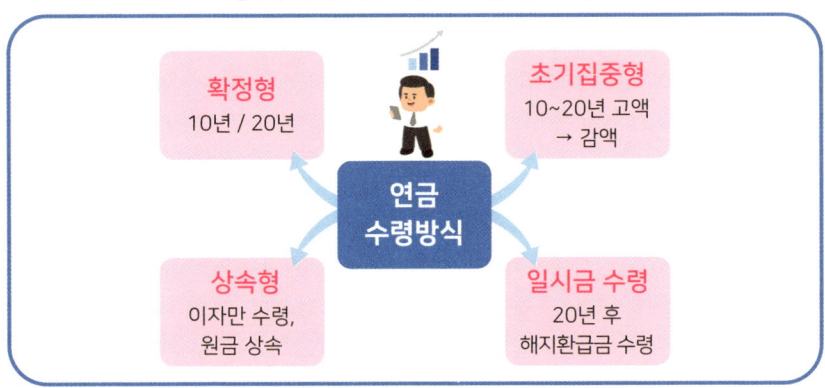

[달러 연금보험 수령 방식]

비과세 혜택

- 기본적으로 10년 이상 유지 시 비과세 적용
- 일시금 수령 시 한도 1억원(약 7만불)
- 종신연금형으로 수령 시 납입 금액에 제한 없이 무제한 비과세 가능
 즉, 이미 1억 원의 비과세 한도를 다 채운 분도 달러 연금으로 추가적인 비과세 수령이 가능하다.

중도 이자 수령 방식도 가능

- 원금은 유지하면서 매년 이자만 먼저 수령하는 방식도 선택 가능
  예) 10만불 납입 시, 연 4,000불씩 20년간 확정 수령
- 이자 수령 + 향후 원금 일시수령 or 연금화 유연하게 설계 가능

[A사 달러연금보험 5대 핵심 포인트]

1. 달러 입·출금 — 글로벌 기축통화로 환차익 기대 가능
2. 20년 확정 금리 — 약 5%대 고정 수익률로 안정 운용
3. 연금 수령 유연성 — 확정·집중·상속형 등 다양한 방식
4. 비과세 수령 가능 — 종신형 기준 무제한 비과세 적용
5. 중도 이자 수령 — 원금 유지하며 이자만 수령도 가능

PART 3
달러보험, 세금은 어떻게 될까?

　최근 글로벌 경기의 불확실성과 원화 약세 흐름이 지속되면서 외화 자산에 대한 관심이 높아지고 있다. 그중에서도 달러보험은 위험 분산과 절세 효과를 동시에 기대할 수 있는 금융상품으로 부유층을 중심으로 주목받고 있다. 본 글에서는 달러보험의 구조와 함께 절세 효

과의 핵심 포인트를 설명하고자 한다.

이자소득 비과세 - 10년 이상 유지 시 적용된다

달러보험은 저축성 보험으로 분류되며,「소득세법 시행령」제25조에 따라 일정 요건을 충족할 경우 보험차익(이자소득)에 대해 비과세 혜택이 적용된다. 구체적인 조건은 다음과 같다.
- 계약 유지 기간이 10년 이상일 것
- 월적립식의 경우, 월 150만 원 이하로 5년 이상 균등하게 납입할 것
- 일시납의 경우, 총 납입금액이 1억 원 이하일 것

이러한 요건을 모두 충족하면 보험 만기 또는 중도 인출 시 발생하는 이자소득에 대해서는 세금을 내지 않아도 된다. 이는 달러예금이 이자소득세 15.4%를 부과하는 것과 비교할 때, 달러보험이 세후 수익률 면에서 보다 유리한 구조임을 의미한다.

[비과세 저축성보험 요건 비교]

월적립식 저축성보험	종신형 연금보험계약	종신형 연금 이외의 보험
● 계약 유지 10년 이상	● 계약 유지 10년 이상	● 계약 유지 10년 이상
● 월 150만 원 이하 × 5년 이상 균등 납입	● 월 납입금액 제한 없음	● 일시납의 경우 총 납입 1억 원 이하

환차익 비과세 - 환율 이득도 과세 대상이 아니다

달러보험의 두 번째 핵심 장점은 환차익에 대해 비과세가 적용된다는 점이다. 일반적으로 외화예금이나 해외주식에서 발생한 환차익은 과세 대상이 되지만, 보험 구조 내에서 발생한 환차익은 보험금의 일부로 간주되기 때문에 소득세 과세 대상이 아니다.

예를 들어, 가입 시 환율이 1,200원이었고 만기 시점에 1,400원이 되었다면, 환율 상승으로 인한 차익은 전액 세금 없이 수령할 수 있다. 즉, 단순한 보장성 보험의 기능을 넘어서, 환율 리스크를 활용한 절세 전략으로 기능하는 것이 달러보험의 특징이다.

[해외주식투자전용 펀드 투자 시 발생 소득의 종류]

환차익, 환차손

달러를 가지고 있으면 혹시 손해를 보지 않을까 걱정하는 분들이 있지만 이는 기우에 불과하다. 지난 수십 년간 달러와 원화의 가치는 계속해서 '우상향'하고 있는데, 그만큼 원화의 가치는 점점 떨어지고 달러의 가치는 계속 올라가고 있다는 뜻이다.

실제로 필자가 학창 시절인 1980년대에는 1달러당 원화 환율은 약 500원~600원 선이었지만, 1990년대 들어 700원대로 올라간 달러 환율이 1997년 IMF 외환위기를 맞으며 무려 2,000원을 넘나들기도 했던 뼈아픈 기억을 갖고 있다.

[달러/원 환율의 장기 추세]

[출처: Investing.com, USD/KRW 환율 차트]

[30년간 달러 환율 추이]

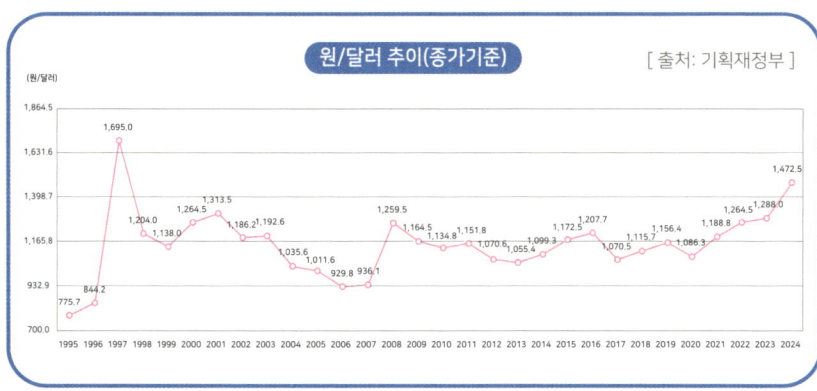

1990년대 후반 대한민국은 IMF 구제금융의 도움을 요청해야 할 만큼 달러 보유량이 바닥을 쳤지만, 이제는 세계 10대 무역 국가인 만큼 국제 거래에서 꼭 필요한 달러 보유량 역시 세계 10대 국가에 들어갈 만큼 달러의 중요성과 가치를 절대적으로 인정하고 있기도 하다.

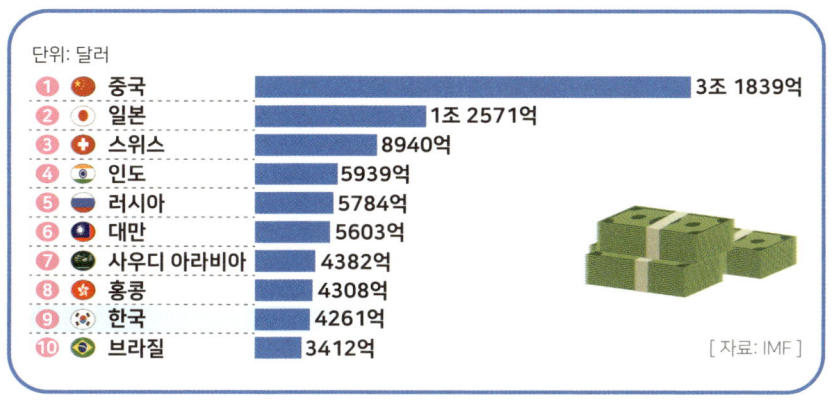

[2023년 3월 기준 주요국 외환보유액]

단위: 달러

1. 중국 — 3조 1839억
2. 일본 — 1조 2571억
3. 스위스 — 8940억
4. 인도 — 5939억
5. 러시아 — 5784억
6. 대만 — 5603억
7. 사우디 아라비아 — 4382억
8. 홍콩 — 4308억
9. 한국 — 4261억
10. 브라질 — 3412억

[자료: IMF]

사망보험금 비과세 - 상속·증여 목적에도 활용 가능하다

달러보험에 사망보장 기능이 포함되어 있는 경우, 해당 사망보험금은 소득세나 증여세 부과 대상이 아니며, 상속세 계산 시에도 일정 조건 하에 비과세 또는 공제가 가능하다. 특히 계약자, 피보험자, 수익자의 관계 설정을 전략적으로 구성하면, 상속세 부담을 줄이는 데 효과적으로 활용할 수 있다.

실제로 많은 자산가들이 달러보험을 통해 외화 자산을 자녀나 배우자에게 이전하고 있으며, 프라이빗 뱅킹(PB) 영역에서도 상속세 대비 수단으로 널리 추천되고 있다.

달러보험은 달러로 납입하고 적립되며, 수령 시에도 달러나 원화 중 선택이 가능하지만, 국내 보험사가 판매하는 상품인 만큼 한국의 소득세법을 따른다. 따라서 앞서 언급한 비과세 혜택은 「소득세법 시행령」에서 정한 저축성 보험 요건을 반드시 충족해야 한다. 다음과 같은 경우에는 비과세 혜택이 적용되지 않을 수 있으므로 주의가 필요하다.

다음과 같은 경우에는 비과세 혜택이 적용되지 않을 수 있으므로 주의가 필요하다.

- 일시납 보험료가 1억 원을 초과하는 경우
- 5년 미만의 균등 납입 구조
- 계약 유지 기간이 10년 미만인 경우
- 월 적립금이 150만 원을 초과하는 경우 등

이와 같은 경우, 비과세 혜택은 적용되지 않고 전액 과세될 수 있으므로 반드시 전문가의 검토를 거쳐야 한다.

PART 4
달러에 대한 이해와 향후 전망

달러는 단순한 미국의 통화가 아니라, 전 세계 경제의 혈관 역할을 하는 국제 기축통화이다. 2025년 현재, 전 세계 중앙은행이 보유한 외환보유고 중 약 58~59%가 달러로 구성되어 있으며, 이는 유로화(약 20%), 엔화, 위안화 등의 경쟁 통화를 압도적으로 앞선 수치이다.

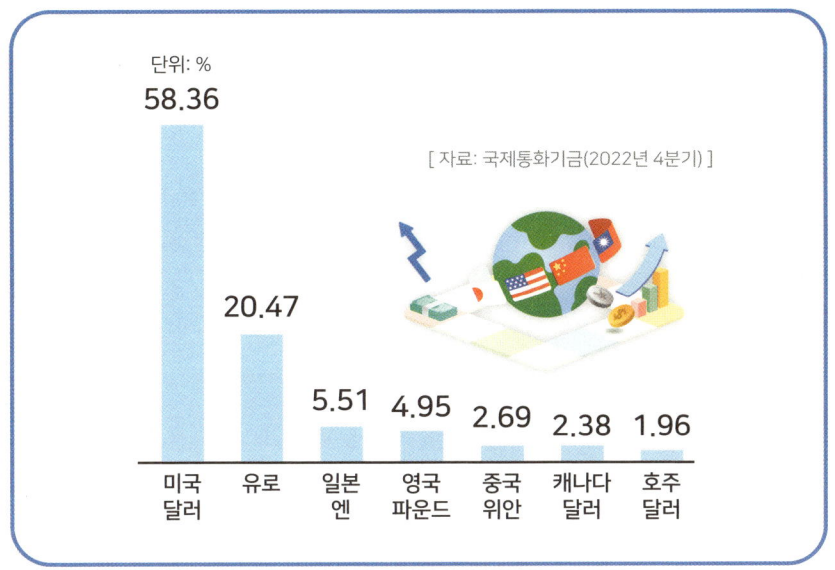

　달러는 국제 무역과 금융의 표준 통화로서 자리 잡고 있다. 전 세계 교역의 절반 이상이 달러로 결제되며, 글로벌 채권 발행, 대출, 외환 거래 등에서도 달러는 지배적인 비중을 차지한다. 이러한 구조는 단순한 선택이 아닌 달러 시스템의 깊이와 유동성, 그리고 신뢰에서 비롯된 결과이다.

　달러가 '신뢰받는 통화'로 자리매김한 배경에는 미국 경제의 절대적인 규모가 있다. 미국은 전 세계 GDP의 약 26%를 차지하며, 높은 투명성의 법치주의, 안정된 민주주의, 개방된 자본시장 등을 통해 국제적 신뢰를 지속적으로 확보해왔다. 특히 금융 위기나 지정학적 충돌이 발생할 때마다 전 세계 자본이 다시 달러로 몰리는 '최후의 피난처(safe haven)'로서의 기능은 더욱 강화되고 있다.

　미국은 달러를 통해 초과 특권(Exorbitant Privilege)을 누리고 있다. 달러에 대한 세계적 수요 덕분에 미국은 낮은 금리로 자금을 조달하고, 이를 바탕으로 해외에 고수익 투자를 실행할 수 있다. 또한, SWIFT, CHIPS 등의 글로벌 결제망을 지배하고 있는 미국은 달러를 외교·제재 수단으로 활용하며, 금융 통제력까지 행사하는 독보적 위치를 점하고 있다.

2025년 들어 일부에서는 달러 약세 가능성을 제기하고 있다. 실제로 최근 수년 사이에 미국의 재정적자 확대, 통상정책 불확실성, 대선 등 정치적 리스크가 맞물리면서 단기적인 달러 환율 하락과 투자자 신뢰 약화가 관측되고 있다.

또한 각국 중앙은행과 투자자들이 유로화, 위안화, 금 등으로 자산을 분산하려는 움직임도 나타나고 있다. 이는 자산 포트폴리오의 다변화 전략으로 이해할 수 있으며, 달러의 상대적 우위를 절대적인 지위로 오해해서는 안 된다.

그럼에도 불구하고, 달러의 근본적인 기축통화 지위는 단기간에 흔들리기 어렵다. 유로화와 위안화가 분산자산으로 부상하고는 있으나, 달러를 완전히 대체하기에는 시장 유동성, 거래 네트워크, 글로벌 수용성 등의 측면에서 여전히 큰 격차가 존재한다.

달러 기반 금융상품은 여전히 글로벌 분산투자와 환헤지 전략의 핵심 도구로 활용된다. 특히 달러보험, 달러예금, 달러표시 ETF 등은 국내 자산과의 상관관계를 낮추고, 환율 변동에 따른 리스크 분산 효과를 제공한다.

달러는 단기적으로는 환율 등락의 영향을 받을 수 있으나, 그 자체가 하나의 자산군으로 작동하는 특수성을 가지고 있다. 따라서 달러를 단기 시세 차익의 수단이 아닌, 장기 자산운용의 포트폴리오 구성 요소로 접근하는 것이 바람직하다.

[달러의 기축통화 위상과 투자자 전략]

달러가 강한 이유
· 세계 외환보유고의 58% 차지
· 국제 무역·채권·외환 거래 표준
· 위기 때 '안전자산' 역할
· 미국의 개방·신뢰 기반 경제 시스템

투자 전략
· 달러보험·달러ETF 활용
· 국내 자산과 상관 낮춰 리스크 분산
· 단기투자보다 장기 자산운용에 적합
· 환헤지 도구로 적극 활용

달러보험과 코스트 애버리징 효과

달러보험은 일정 기간 동안 정기적으로 달러 보험료를 납입하는 구조를 갖고 있어, 자동적으로 '코스트 애버리징(Cost Averaging)' 효과를 갖게 된다. 이는 환율 및 투자 단가의 변동성 리스크를 줄이면서 장기적으로 평균 단가를 낮추는 효과로 작용한다.

환율 리스크를 분산한다

달러보험은 원화로 환전해 정기적으로 달러로 납입하는 방식이다. 이 과정에서 매월 혹은 매년 달러를 환전해 납입함으로써, 환율이 높을 때는 적은 달러를 사고, 환율이 낮을 때는 많은 달러를 구매하는 구조가 된다. 결과적으로 환율의 고점이나 저점에 몰입되지 않고, 장기 평균 환율 수준으로 보험료를 납입하게 되는 효과가 발생한다.

예
- 환율이 1,300원일 때 100달러 구매 → 13만 원
- 환율이 1,200원일 때 100달러 구매 → 12만 원
- 평균 환율 = 1,250원

→ 고점에 한 번에 몰입해 납입하는 것보다 리스크 분산 효과가 발생

장기적으로 안정적 수익을 도모할 수 있다

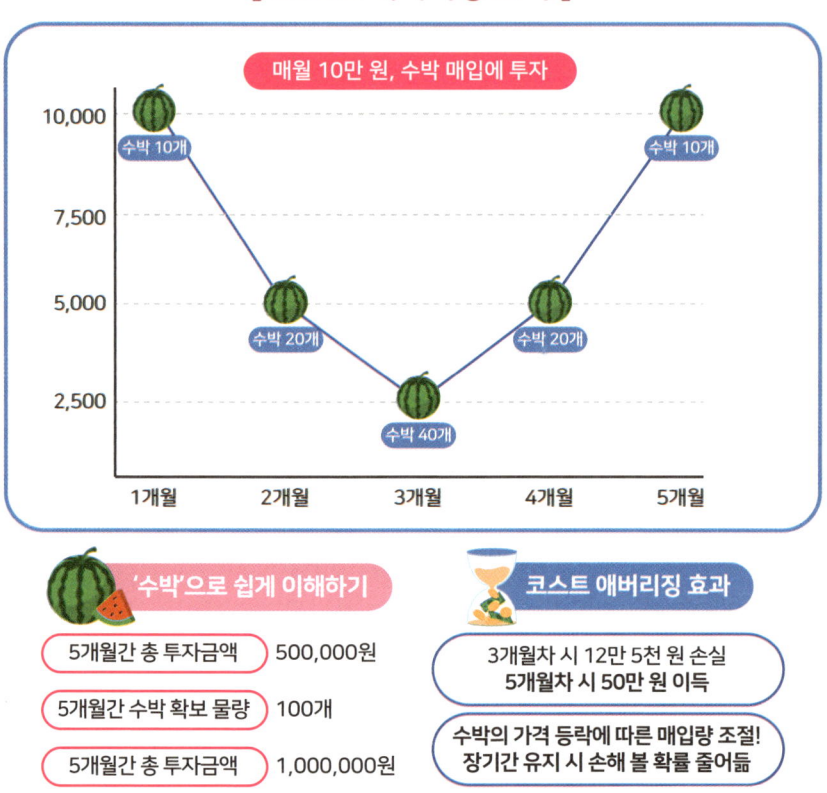

코스트 애버리징 전략은 단기 시장 타이밍 예측보다는, 시장 평균으로 접근하며 리스크를 낮추는 장기 투자 전략이다. 달러보험은 본질적으로 장기계약(10년 이상 유지 시 비과세 등) 상품이기 때문에, 적립식

구조 + 코스트 애버리징 전략이 결합되면 더욱 효과적인 재무적 결과를 기대할 수 있다.

달러 에버리지 평균 가격

달러 연금은 매월 적립식으로 납입하므로 매달 적용되는 달러 환율이 다르게 된다. 예를 들어 총 납입 기간이 10년이라면 매달 환율이 달라지게 되는데, 예를 들어 그 기간 동안 평균 환율이 1,200원이었는데, 10년 이후에 일시금 또는 연금으로 받을 때의 환율이 더 올라간다면 그만큼 이익(환차익)이 생기게 된다.

실제로 2015년 1월에 달러 연금에 가입한 A씨의 10년간 평균 환율이 1,146원이었고, A씨는 10년 뒤인 2025년 1월에 일시금으로 연금을 받았는데, 이때 원·달러 환율은 무려 1,446원에 육박했었다. 그렇다면 환율 상승으로 얻은 이익만 과연 얼마였을까? 1달러당 300원의 환차익이 생기게 된 것이다.
(* A씨는 60,000달러를 일시금으로 받았고, 달러당 300원의 환율 상승이 발생했으므로, 1,800만 원의 환차익을 받게 되었음)

반대로 환차손이 생길 수도 있지만, 달러를 보유하고 있는 한, 환율이 급상승하는 시기를 기다려 환전하는 방법으로 얼마든지 환차익을 극대화할 수 있다.

PART 5
달러 주기 이해

    환율은 세계 경제를 가늠할 수 있는 대표 지표이자, 자산 전략의 핵심 축이다. 특히 원/달러 환율은 수출입 기업은 물론이고 일반 투자자들에게도 큰 영향을 미친다. 원화 자산만으로 구성된 포트폴리오는 외환 시장 불안정성이 높아질수록 자산 가치 하락의 위험에 노출될 수 있기 때문에, 환율의 흐름을 이해하고 적절한 시점에 외화 자산을 활용하는 전략은 매우 중요하다.

    환율은 예측이 불가능한 무작위 변수처럼 보이지만, 실제로는 일정한 흐름과 주기를 가지고 움직인다. 과거 수십 년의 데이터를 분석해 보면, 원/달러 환율은 대체로 4~5년을 주기로 상승과 하락을 반복해 왔다. 이러한 흐름은 경기 순환 이론 중 쥬글라 주기(약 7~11년)와도 어느 정도 맞물려 있으며, 단기적인 요동 속에서도 중기적인 사이클을 형성하고 있다는 점에서 주목할 만하다.

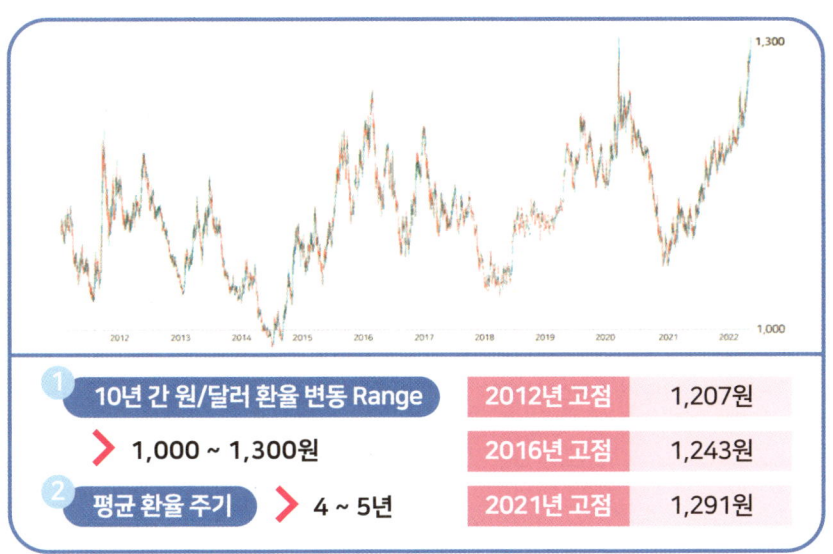

실제로 2008년 금융 위기 당시 환율은 1,570원까지 치솟았다가 이후 다시 안정되었고, 2016년에는 미국 대선과 브렉시트 등 지정학적 이슈로 1,200원대 중반까지 상승했다. 2022년에는 미국 연방준비제도의 급격한 금리 인상으로 환율이 1,440원을 넘기도 했으나, 이후 안정세를 찾아 2024년 현재는 1,300원대에서 움직이고 있다. 이처럼 환율은 대체로 1,000원에서 1,400원 사이의 박스권을 중심으로 4~5년 주기를 그리며 반복적으로 움직이고 있다.

이러한 흐름을 기반으로 환율 투자 전략을 구성하면 상당히 유리한 포지션을 가져갈 수 있다. 투자에 있어 중요한 원칙 중 하나는 '싸게 사서 비싸게 판다'는 것이다. 환율이 낮을 때 달러 자산을 매입하고, 환율이 상승했을 때 일부를 환전하거나 매도하여 수익을 확정하는 방식은 단순하지만 효과적인 전략이다. 환율이 1,000원대 초반일 때는 달러 자산을 확보하기에 좋은 시기이며, 환율이 1,350원에서 1,400원 수준으로 높아졌을 때는 보유한 외화 자산에서 발생한 환차익을 실현하기에 유리하다.

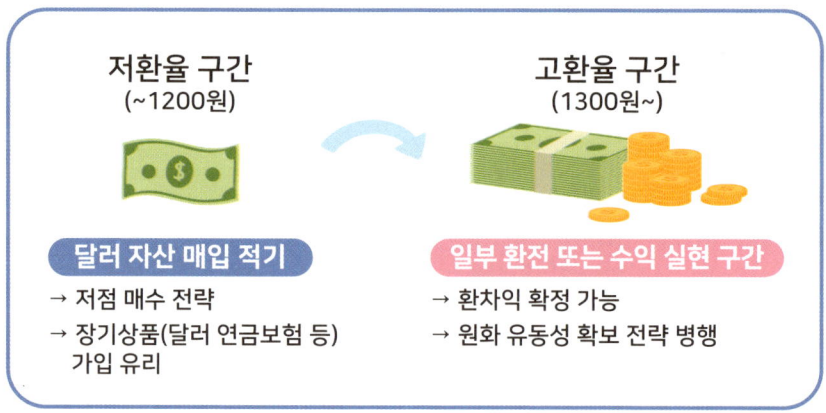

[환율 구간에 따른 달러 자산 전략]

환율 변동을 활용한 자산 운용은 특히 장기 상품과 결합할 때 더 큰 효과를 발휘한다. 대표적인 예가 달러 연금보험이다. 달러 연금보험은 달러로 가입하고 달러로 연금을 수령하는 상품으로, 환율과 금리를 동시에 고려한 글로벌 자산 운용 수단이다. 예를 들어, 환율이 1,100원일 때 10만 달러를 납입한 경우, 20년 후 환율이 1,400원이 되면 원화 기준으로 약 27%의 환차익이 발생하게 된다. 이는 단순히 연금 수령액이 늘어난다는 의미가 아니라, 실질적인 구매력 또한 크게 증가한다는 뜻이다.

더욱이, 달러 연금보험은 일정 요건을 충족할 경우 수익에 대해 비과세 혜택까지 받을 수 있어 세제 측면에서도 효율적이다. 현재 기준으로 10년 이상 유지 시 1억 원(약 7만 불)까지 비과세 혜택이 적용되며, 종신 연금형으로 수령할 경우에는 가입 금액에 제한 없이 무제한 비과세도 가능하다. 이러한 장점은 환율 흐름을 이해하고 전략적으로 활용하는 이들에게 매우 큰 기회가 된다.

물론 환율은 수많은 외부 변수에 의해 영향을 받는다. 미국의 기준

금리 정책, 글로벌 경기 전망, 지정학적 리스크, 무역 수지, 외국인 투자 자금 유입 및 유출 등이 복합적으로 작용하여 환율이 결정되기 때문에 단기적인 등락을 정확히 예측하는 것은 어렵다. 그러나 일정 기간을 두고 흐름을 관찰하면 반복적인 사이클이 보이기 마련이다. 따라서 타이밍을 정밀하게 맞추는 데 집착하기보다는 평균 구간을 중심으로 분할 매수 또는 매도를 전략적으로 운용하는 것이 더 현실적이고 안정적인 방식이다.

PART 6
연금상품으로 달러연금보험이 좋은 이유

은퇴설계는 단순히 돈을 모으는 행위가 아니라, 예측할 수 없는 미래를 안정적으로 살아갈 수 있도록 준비하는 과정이다. 누구도 정확히 은퇴 이후의 삶을 예측할 수 없기에, 자산을 어떻게 구성하고 어떤 통화로 보유하며, 어떤 방식으로 수익을 만들지에 대한 전략은 은퇴설계의 본질이라 할 수 있다. 이러한 맥락에서 달러보험은 단순한 투자상품이 아니라, 불확실한 미래에 대한 안정적인 대응 수단이 될 수 있다.

우리는 대한민국에서 살아가고 있지만, 우리의 자산이 반드시 원화로만 구성되어야 할 이유는 없다. 전 세계 금융과 무역의 중심이 되는 통화는 '달러(USD)'이며, 달러는 국제적으로 신뢰받는 기축통화로서 절대적인 위상을 유지하고 있다. 2025년 현재, 전 세계 외환보유고의 약 58% 이상이 달러로 구성되어 있고, 글로벌 교역의 절반 이상이 달러로 결제되고 있다. 이는 유로, 위안, 엔 등의 통화와 비교할 수 없는 비중이다. 또한 미국은 금융, 기술, 군사 등 세계적 영향력을 바탕으로 위기 시에도 자금이 몰리는 '안전자산 피난처' 역할을 해왔으며, 앞으로도 그 위상이 쉽게 흔들릴 가능성은 낮다.

이러한 관점에서 볼 때, 은퇴설계 자산의 일부 또는 상당 부분을 달러 자산으로 구성하는 것은 장기적인 리스크 분산 차원에서 매우 합리적인 선택이 된다. 특히 환율 변동성, 원화가치 하락 가능성, 국내 금리 정책의 한계 등을 고려하면, 원화만으로 구성된 연금자산은 미래 구매력 보장 측면에서 한계가 존재할 수 있다. 반면, 달러는 글로벌 구매력을 유지할 수 있는 통화로서 장기적인 가치 저장 수단이 된다.

달러에 투자하는 방식은 다양하다.

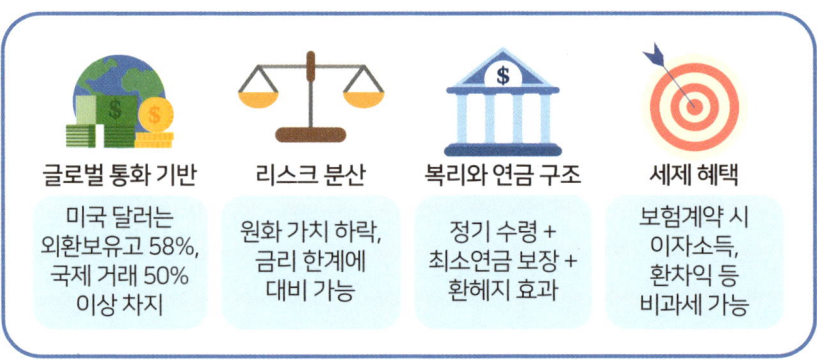

[달러연금보험이 은퇴설계에 적합한 이유]

글로벌 통화 기반 — 미국 달러는 외환보유고 58%, 국제 거래 50% 이상 차지

리스크 분산 — 원화 가치 하락, 금리 한계에 대비 가능

복리와 연금 구조 — 정기 수령 + 최소연금 보장 + 환헤지 효과

세제 혜택 — 보험계약 시 이자소득, 환차익 등 비과세 가능

달러예금, 달러펀드, 외화채권, 해외ETF 등 다양한 수단이 존재하지만, 연금이라는 목적에 최적화된 방식은 바로 '달러연금보험'이다. 달러연금보험은 말 그대로 보험료를 달러로 납입하고, 은퇴 이후 연

금도 달러로 수령하는 구조를 가진다. 일반 펀드나 예금과 달리, 노후에 정기적 수령이라는 구조적 목적에 부합하며, 보험 특유의 비과세 혜택·최소연금 보증 등 다양한 기능이 결합되어 있어 연금이라는 목적에 가장 부합하는 형태이다.

또한 납입 방식이 적립식일 경우에는 매월 일정 금액을 환전해 납입함으로써, 코스트 애버리징(Cost Averaging) 효과를 자연스럽게 얻을 수 있다. 즉, 환율이 낮을 때는 더 많은 달러를 사고, 높을 때는 적게 사는 구조가 되어 장기적으로 평균 단가를 낮추고 리스크를 줄이는 효과가 발생한다.

이러한 구조는 단기 수익률을 노리는 투기적 접근과는 다르다. 연금은 단기 수익이 아닌, 장기 안정성을 추구하는 구조이기 때문에, 변동성이 존재하는 자산이라 하더라도 장기적으로 복리 수익과 분산 효과를 얻을 수 있다면 충분히 우수한 선택이 될 수 있다. 즉, 달러보험은 단순히 '달러로 가입하는 보험'이 아니라, 환헤지, 분산, 연금 최적화, 세제 혜택이 결합된 종합 은퇴자산 설계 도구라 할 수 있다.

[달러연금보험 vs 다른 외화자산 투자수단]

항목	달러연금보험	달러예금 / 외화펀드 등
환차익 과세	비과세 (보험 수령금)	과세 (15.4%)
이자소득 과세	조건 충족 시 비과세	과세
수익 구조	연금 형태, 정기 지급	수익률 변동형
적립 방식	정액 적립 → Cost Averaging	자유 납입
목적	은퇴 자산 설계 최적화	단기 수익 or 유동성 자산

은퇴를 앞둔 중장년층뿐 아니라, 30~40대의 젊은 세대 역시 이제는 국내 자산만으로 노후를 준비하기에 한계가 있음을 인식해야 한다. 경제는 글로벌하게 연결되어 있고, 통화 가치 역시 국내 요인만으로 결정되지 않는다. 따라서 연금이라는 장기목적 자산은 달러라는 글로벌 통화를 기반으로 일정 부분 구성해야 미래의 안정성과 구매력을 보장받을 수 있다.

PART 7
달러연금보험, 노후설계와 세대 간 증여 전략

달러 연금 보험은 개인이 안정적인 노후를 준비하는 수단인 동시에, 세대 간 자산 이전과 증여 전략에도 매우 효과적으로 활용될 수 있다. 단순히 은퇴 자금을 마련하는 데 그치지 않고, 세금을 최소화하면서 자녀나 손주에게 자산을 효율적으로 이전할 수 있다는 점에서 가정 재무 설계에 중요한 역할을 한다. 특히 증여세 비과세 한도와 복리 효과, 그리고 세대 생략 증여 제도까지 고려하면 훨씬 전략적인 접근이 가능하다.

증여세 비과세 한도와 달러 연금 보험의 활용

우리 세법은 증여세를 줄일 수 있는 기본적인 장치를 마련해 두고 있다. 미성년 자녀에게는 10년간 2천만 원, 성인 자녀에게는 10년간

5천만 원까지 증여세 없이 증여할 수 있다. 손주에게도 동일하게 직계 비속에게는 10년 단위로 5천만 원(미성년자 2천만 원)까지 비과세 혜택이 적용된다. 이를 달러 연금 보험과 연계하면, 단순히 현금을 건네는 것보다 훨씬 효율적이다.

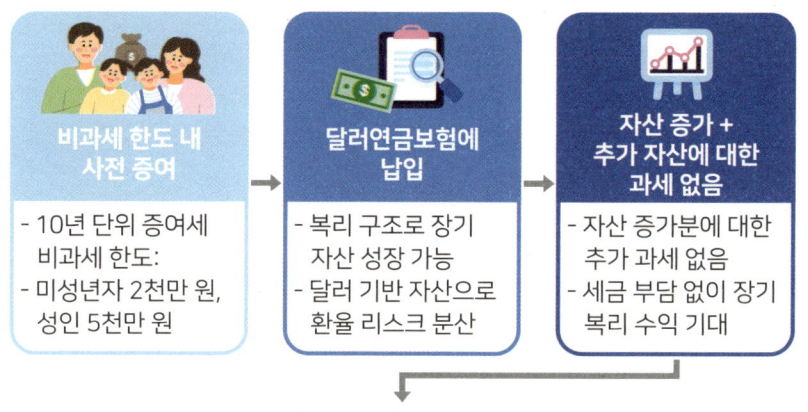

[증여세 비과세 한도와 달러연금보험 활용 구조]

사전 증여로 증여받은 자산으로 추가 자산을 형성한 경우 추가 자산에 대해서는 증여세가 부과되지 않기 때문에 사전 증여 비과세 한도를 잘 활용하는 것이 좋다.

예를 들어 조부모가 손주가 태어나자마자 2천만 원을 달러 연금 보험에 납입하면, 증여세 부담 없이 자산 이전이 가능하다. 10년 후 손주가 성장하는 시점에 다시 동일한 금액을 증여하면 또다시 비과세 한도를 활용할 수 있다. 이렇게 10년 단위로 계획적으로 증여하면, 합법적으로 세금을 절감하면서 장기 복리 효과를 누릴 수 있는 구조가 된다.

달러 연금의 복리의 힘

 달러 연금 보험은 복리 구조로 자산을 운용하기 때문에 시간이 지날수록 성장 속도가 가속화된다. 단리와 비교하면 10년 이상 장기 운용에서 2배 이상의 차이를 보이기도 한다. 특히 환율 변동성에 대응할 수 있는 달러 기반 자산이라는 점은 원화 중심의 국내 투자 환경에서 큰 장점이다. 최근 금리 인하 가능성이 높아지는 시기에는 기존 확정 금리형 달러 연금 보험의 해지 환급금 가치가 개선되는 효과도 기대할 수 있어, 지금과 같은 환경에서는 더욱 유리하다.

세대 생략 증여 주의사항

 일반적으로 자산은 할아버지에서 아버지, 다시 자녀에게로 순차적으로 이전되지만, 세대 생략 증여를 활용하면 중간 세대를 건너뛰어 곧바로 손주에게 자산을 이전할 수 있는 장점이 있는 반면 일반 증여세 대비 30%~40% 할증 과세가 부과된다. 사전 증여 초과 금액에 대해서 미성년자 손주에게 20억 원을 초과 증여할 경우 40%까지 할증이 적용되어, 수증자가 자산을 제대로 운용하지 못할 위험도 있을 수 있으니, 과도한 증여 재산에 대해서는 전문가와 상의 후 증여를 진행하는 것을 추천한다.

[일반 증여 vs 세대생략 증여: 효과와 리스크 비교]

항목	일반 증여 (세대 순차)	세대생략 증여 (손주 직접)
자산 이동 흐름	할아버지 → 아버지 → 자녀	할아버지 → 손주
세금 혜택	비과세 한도 가능	30~40% 할증 과세
속도	느림	빠름
운용 주체	아버지 또는 자녀	손주 (미성년 시 어려움)
리스크	낮음	운용 미숙, 분쟁 가능
추천 대상	자산 규모 작을 때	자산 많고 전문가 필요 시

달러 연금 보험은 자녀와 손주에게 증여하는 전략과도 궁합이 좋다. 부모 또는 조부모가 자녀나 손주 명의로 달러 연금 보험을 증여하면, 단순 현금 증여보다 자산 관리 연속성이 강화된다. 보험이라는 제도적 틀 안에서 자산이 운용되므로, 특히 미성년 손주가 직접 자산을 관리할 수 없을 때도 안정적으로 불려 나갈 수 있다. 게다가 장기 복리 구조 덕분에, 세대 생략 증여 특유의 '빠른 자산 이전'과 결합하면 손주는 청년기·성인기에 더 큰 규모의 자산을 활용할 수 있게 된다.

달러 연금 보험은 개인에게는 노후 자산 마련, 가정에게는 합리적인 세대 간 자산 이전 도구로 기능한다. 증여세 비과세 한도를 활용해 세금을 줄이고, 세대 생략 증여를 통해 이전 속도를 높이며, 복리와 달러 자산이라는 장점을 동시에 누릴 수 있다. 다만 금액 규모나 증여 대상자의 연령, 가족 상황에 따라 세금 부담과 갈등 요인이 달라질 수 있으므로, 전문가와 함께 맞춤 설계를 하는 것이 바람직하다.

부록
달러보험, 지금 왜 주목받는가

달러보험이란?

보험료 납입과 **보험금 지급**이 모두 **달러**로 이루어지는 **보험상품**

(*환전절차 생략)

달러연계금융상품

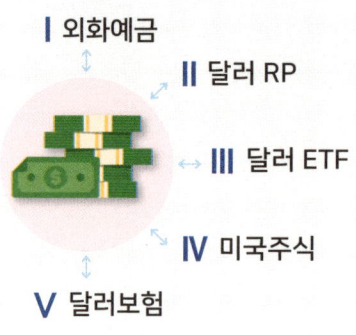

- I 외화예금
- II 달러 RP
- III 달러 ETF
- IV 미국주식
- V 달러보험

달러보험 상품특징

- ✓ 보험 고유 목적(연금, 보장 등) 기대
- ✓ 금리 연동·확정 등 이자 수익 기대
- ✓ 10년 이상 적립 시 비과세 효과 기대

달러 보험 가입 시 꼭 유의해야 할 3가지

유의사항 1. 환율 변동에 따라 납입 보험료와 수령 보험금이 바뀔 수 있습니다.

유의사항 2. 중도 해지 시 손실이 발생할 수 있습니다.

유의사항 3. 외화 보험은 환테크를 위한 상품이 아닙니다.

부록
원-달러 환율 변화와 자산시장 동향

과거 10년치 원-달러 환율 그래프

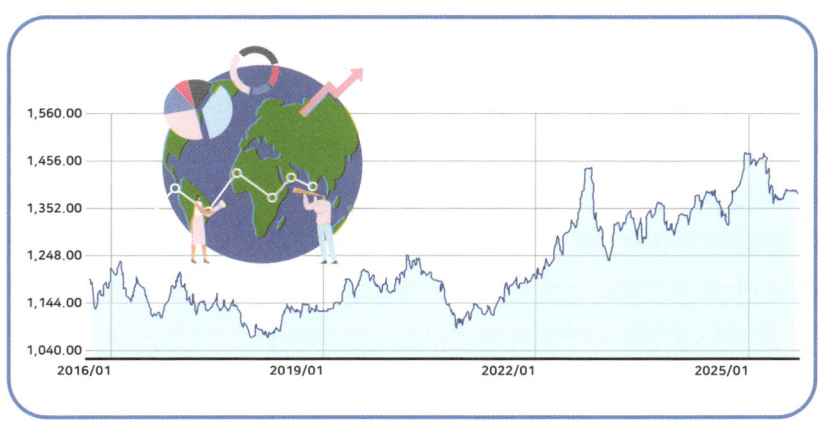

환율에 따른 국내 주가지수 그래프

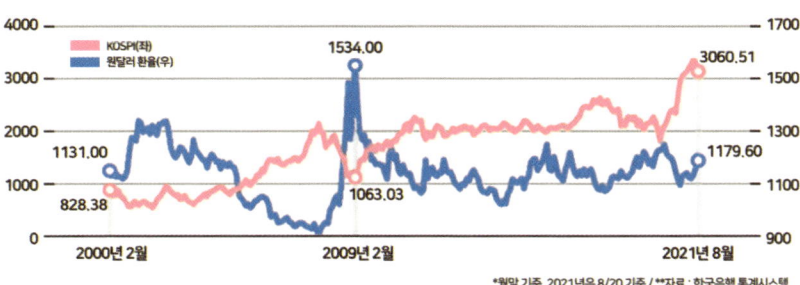

> 원-달러 환율은 **대외 수출비중이 높은 우리나라에 많은 영향**을 미친다. 단순히 원-달러 환율이 상승하면 무역을 통한 이익이 증가할 것으로 생각할 수 있지만 외국인 주식비중이 높은 우리나라는 **환율이 높아지면 원화가치가 떨어지다 보니 외국인이 주식을 매도하는 모습**을 보이고 있다.

마무리하며
달러연금보험, 노후설계의 전략이 되기까지

　달러연금보험은 단순히 외화 자산을 확보하는 차원을 넘어, 장기적인 노후 설계의 중요한 수단으로 자리할 수 있다. 글로벌 경제 환경이 불확실해지고 원화의 변동성이 커지는 시대일수록, 달러 기반 자산은 분산 투자의 핵심 축으로서 의미가 있다. 특히 달러연금보험은 보험료 납입부터 연금 수령까지 달러로 이루어지기 때문에 환율 변화와 글로벌 금리 환경을 동시에 반영하며, 원화 중심의 금융자산만으로는 얻을 수 없는 안정성과 기회를 제공한다. 이는 노후 생활비를 보다 안정적으로 준비하고, 환율 변동에 따른 추가적인 자산 증식 효과까지 기대할 수 있는 점에서 매력적이다.

　그러나 중요한 사실은, 달러연금보험이 만능 해법은 아니라는 점이다. 각 개인의 연령, 소득 수준, 기존 보유 자산, 생활 패턴, 그리고 노후에 원하는 삶의 형태에 따라 구체적인 설계안은 달라질 수 있다. 어떤 사람은 국민연금과 퇴직연금만으로도 충분할 수 있지만, 또 다른 사람은 추가적인 달러 연금을 통해 안정적 현금흐름을 보완해야 한다. 따라서 달러연금보험의 필요성과 규모는 철저히 개인별 재무 상황과 목표에 맞추어 결정해야 한다.

　더 나아가 연금보험은 단순히 '가입하는 것'으로 끝나지 않는다. 많은 사람들이 노후 준비를 시작할 때 상품 선택에만 집중하지만, 진정한 핵심은 가입 이후의 관리와 유지에 있다. 달러연금보험은 장기 상품이므로 최소 10년 이상 꾸준히 유지해야 비과세 혜택을 누릴 수 있고, 안정적인 복리 효과를 기대할 수 있다. 중도 해지나 단기적인 환율 변동에 흔들려 상품을 해지한다면, 오히려 손실을 볼 가능성이 크다. 결국 연금보험은 꾸준함이 성과를 좌우한다.

또한 달러연금보험은 비과세 혜택, 환차익 비과세 등 다양한 세제 장점이 있으나, 이 역시 일정 조건을 충족해야만 적용된다. 계약 유지 기간, 납입 금액, 균등 납입 여부 등이 요건에 포함되며, 이를 충족하지 못하면 세금이 부과될 수 있다. 따라서 단순히 상품의 장점만을 보고 무작정 가입하기보다는, 반드시 해당 조건과 구조를 충분히 이해하고 자신에게 맞는지 검토해야 한다.

결국 달러연금보험의 가치는 '이해와 꾸준함'에 달려 있다. 글로벌 금융환경 속에서 환율과 금리라는 변수를 활용하여 자산을 키우되, 제도의 조건과 특징을 명확히 파악하고 장기간 관리하는 자세가 필요하다. 저자는 달러연금보험이 앞으로의 노후 설계에서 점점 더 중요한 수단이 될 것이라 확신한다. 다만 모든 사람에게 획일적으로 동일한 해법이 될 수 없으며, 개인의 상황에 맞춘 맞춤형 접근이 전제되어야 한다. 무엇보다 가입보다 중요한 것은 관리와 유지임을 잊지 말아야 한다.

달러연금보험은 지금의 환율 시대 속에서 단순한 선택지가 아니라, 미래를 위한 전략적 도구다. 올바른 이해와 꾸준한 실행이 뒷받침된다면, 흔들리지 않는 든든한 노후 자산이 되어줄 것이다.

유승훈 전문가의 연금솔루션
인구절벽 시대, 복수연금으로 지켜내는 노후준비법!

유승훈
- 카라멜에셋 포인스 지사장
- 삼성증권 투자권유대행인
- 삼성증권 퇴직연금모집인

　유승훈 저자는 은퇴설계와 자산관리 분야의 금융 전문가다. 현재 카라멜에셋 포인스 지사장으로 활동하며, 투자와 연금 설계에 집중하고 있다.

　삼성증권에서 투자권유대행인과 퇴직연금모집인으로 활동하며 공적·퇴직·개인연금을 아우르는 경험을 쌓았다. 특히 은퇴 후 현금흐름과 세제 전략에 강점을 지닌다.

　이번 책에서 그는 공적연금 고갈, 장수 리스크, 세금·보험료 강화라는 과제에 대응해 TDF·월배당 ETF·연금저축·ISA 활용법을 제시한다. 그의 메시지는 명확하다. '은퇴는 운이 아니라 설계의 결과'다.

이 글을 시작하며

인구절벽 시대, 초고령사회에 맞춘 진짜 은퇴설계

대한민국은 이미 초고령사회에 들어섰다. 앞으로 노인 인구가 30%를 넘어설 것이며, 은퇴설계는 더 이상 선택이 아니라 반드시 준비해야 할 생존 전략이 되었다. 이 책은 공적연금 고갈, 장수 리스크, 세금·보험료 강화라는 세 가지 시나리오를 중심으로, 막연한 불안을 구체적인 실천 로드맵으로 바꾸는 방법을 제시한다.

'PART 2'에서는 국민연금·퇴직연금·개인연금의 3층 보장 구조와 연금저축·ISA를 통한 절세·복리 전략을, 'PART 3'에서는 TDF를 활용한 위험조절과 월배당 ETF로 현금흐름을 확보하는 방법을, 'PART 4'에서는 목표금액 산정과 55/30/15 자산배분 같은 현실적 로드맵을, 'PART 5'에서는 자산배분·리밸런싱·생애주기 전략 등 장기 운용의 원리를 다룬다.

이 책은 화려한 예측보다 복리, 세제 혜택, 분산의 원칙으로 현실적인 길을 안내한다. 오늘의 작은 발걸음이 10년 뒤 두 배의 차이를 만든다. 당신의 은퇴는 운이 아니라 설계의 결과다.

PART 1
인구절벽 시대, 초고령사회에 대비한 은퇴설계 전략

대한민국은 2025년 기준 65세 이상 고령 인구가 전체 인구의 20.3%를 넘어선 초고령사회로 진입하였다. 이는 고령화사회(7%), 고령사회(14%)를 넘어선 단계로, 향후 20년 이내에 노인 인구가 전체의 30%를 넘어설 것으로 예상된다. 일본과 비교해도 고령화 속도는 더욱 가파르며, 평균 연령 역시 44.9세로 고령화 국가 중에서도 최상위권에 속한다. 이러한 변화는 단순한 인구통계학적 현상이 아니라, 국민연금, 건강보험, 복지재정 등 국가 시스템 전반에 구조적인 압력을 가하고 있다. 따라서 인구절벽에 따른 사회경제적 위험을 예측하고, 이에 맞춘 은퇴설계 전략을 준비하는 것이 필수적인 시대가 도래하였다.

[대한민국 고령화 단계]

구분	고령 인구 비중	진입 시점
고령화사회	7%	2000년
고령사회	14%	2017년
초고령사회 (현재)	20.3%	2025년

인구구조 변화에 따른 3가지 시나리오

첫 번째 시나리오는 공적연금 고갈 시나리오이다. 현재 국민연금은 납부요율 9%를 유지하고 있으나, 출산율 감소와 고령인구 증가로 인해 수급자 수가 급격히 증가하고 있다. 정부는 보험료율을 13%까지 인상하는 방안을 검토 중이나, 납부자 대비 수급자의 구조적 불균형이 해소되지 않는 한 2055년 전후로 기금이 고갈될 가능성이 크다는 전망이 지배적이다. 이러한 시나리오에서는 국민연금 수급개시 연령의 추가 상향, 수령액의 감소, 물가상승률 반영 축소 등이 현실화될 수 있다. 이에 따라 개인은 국민연금에만 의존하지 않고, 반드시 개인연금(연금저축, IRP 등)과 사적 준비를 병행해야 한다.

두 번째 시나리오는 저금리·고령화 지속 시나리오이다. 저금리 기조는 은퇴자들에게 안정적인 이자소득 기반을 약화시키며, 자산 수익률 전반을 떨어뜨리는 결과를 초래한다. 따라서 단순한 은행 예·적금, 금리형 보험만으로는 노후생활비를 충당하기 어렵다. 이에 대한 대응책으로는 일정 수준의 고정금리형 자산을 기반으로 하되, 중장기적으로는 변액보험 등 수익형 보험상품의 활용을 고려해야 한다. 변액보험은 장기 보유 시 시장성과를 일부 반영하면서도 사망보험금 등 보장기능을 함께 갖추고 있어 노후자산 배분 포트폴리오에서 중요한 역할을 수행할 수 있다.

세 번째 시나리오는 세금 시나리오이다. 고령사회 진입과 세입 부족으로 인해 소득세, 금융소득세, 재산세 등 조세 전반이 점진적으로 강화될 가능성이 높다. 특히 금융소득종합과세 기준인 연 2,000만 원 초과자에 대한 과세율은 고율 구간으로 갈수록 부담이 커지며, 건보료 부과 기준에도 금융소득이 반영되기 때문에 자산이 많을수록 실제 수령 자금은 줄어드는 구조이다. 이러한 과세 환경에서는 비과세 상품의 효율성이 더욱 높아진다.

[인구구조 변화 3대 시나리오]

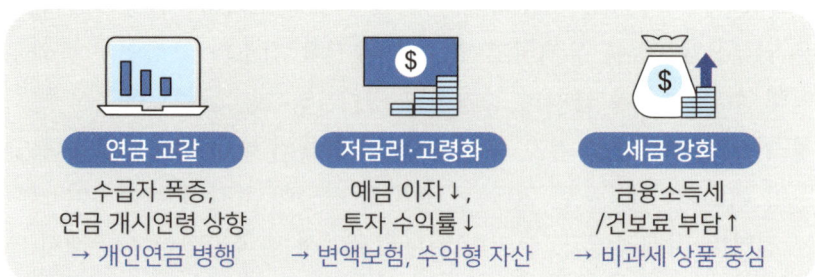

인구절벽 시대의 은퇴설계

첫째, 소득원 다각화와 복수연금 구조 구축이 필요하다. 공적연금 외에 연금저축, 개인연금보험, 퇴직연금 등을 활용하여 다양한 수령 통로를 마련하고, 그 일부는 비과세 혜택이 적용되는 상품을 중심으로 구성하는 것이 바람직하다.

둘째, 생애주기 전반에 걸쳐 세후 수익률 관점에서 자산을 관리해야 한다. 단순히 수익률이 높은 상품보다는 세금, 수수료, 건강보험료 등까지 고려한 실질 수령액 기준으로 상품을 선별해야 하며, 장기투자에 적합한 변액보험, 연금형 보험이 대안이 될 수 있다.

셋째, 인플레이션과 고령 의료비에 대응할 수 있는 현금 유동성 확보도 중요하다. 일본 사례처럼 부동산보다 현금성 자산 비중을 높이고, 예기치 못한 장기요양, 간병 등의 상황에도 대응할 수 있는 보장성 보험과 유연한 자산 인출 계획이 병행되어야 한다.

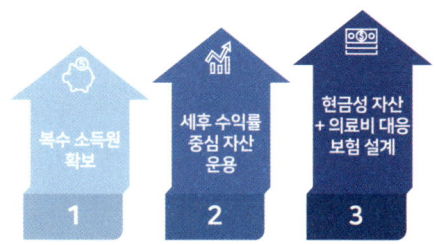

PART 2
국민연금, 퇴직연금, 개인연금: 연금 3총사의 이해

우리나라 노후소득보장제도는 3층 구조로 설계되어 있다. 1층은 국민연금, 2층은 퇴직연금, 3층은 개인연금으로 구성되며, 각각의 제도는 목적과 구조, 세제 혜택에서 뚜렷한 차이를 보인다. 국민연금은 최소한의 노후소득을 보장하는 공적 연금이며, 퇴직연금은 직장 근무를 기반으로 하는 반공적 연금이고, 개인연금은 자발적 가입을 통해 노후 여유자금을 마련하는 사적 연금이다. 이 세 가지 연금은 상호보완적인 성격을 가지며, 안정적인 노후를 위해서는 각각의 특징을 이해하고 균형 있게 준비하는 것이 필수적이다.

[3층 연금 구조]

연금 3총사와 ISA의 전략적 활용

안정적인 노후연금을 받기 위해서는 무엇부터 시작해야 할까. 단순히 '지금부터 매달 얼마를 저축하면 된다'라는 공식이 있다면 좋겠지만, 우리나라의 연금 구조는 생각보다 복잡하다. 따라서 각 연금의 구조와 역할을 이해하는 것이 선행되어야 한다.

연금 3총사 ① – 국민연금

국민연금은 대표적인 공적연금으로, 모든 국민이 의무적으로 가입하여 근로 기간 동안 일정 비율의 보험료를 납부한다. 국가가 운영하며 보장성, 소득 비례성, 공공성을 특징으로 한다. 그러나 월평균 수령액이 기대에 미치지 못하기 때문에, 노후 소득의 전부를 국민연금에 의존하는 것은 현실적으로 한계가 있다. 이러한 이유로 국민연금을 보완하기 위해 사적연금 제도가 등장하였다.

연금 3총사 ② – 퇴직연금(DB형, DC형, IRP)

퇴직연금은 근로자가 퇴직한 이후에도 안정적으로 퇴직금을 수령할 수 있도록 설계된 제도이다. 이는 퇴직급여를 일시금으로 소비하는 것을 방지하고, 장기적인 노후자금으로 활용할 수 있게 한다.

● **DB형(확정급여형)**

DB형은 퇴직 전 3개월간의 평균 급여에 근속연수를 곱하여 퇴직급여가 산출된다. 근속기간이 길고 퇴직 시점의 급여가 높을수록 수령액이 커진다. 근로자는 운용에 대한 부담이 없으나, 기업이 운용 책임과 재무적 리스크를 부담한다.

● **DB형(확정급여형)**

DC형은 기업이 근로자의 퇴직연금 계좌에 매년 연봉의 1/12씩 납입하고, 근로자가 이를 직접 운용하는 방식이다. 투자 성과에 따라 최종 수령액이 달라지므로, 운용 지식과 관리 역량이 중요하다.

● **IRP(개인형 퇴직연금)**

IRP는 퇴직금을 이관하는 퇴직 IRP와, 개인이 자발적으로 납입해 세제 혜택을 받는 개인 IRP로 나뉜다. 자영업자와 프리랜서도 가입 가능하지만, 중도 인출이 제한된다.

[퇴직연금 3종 비교]

유형	운용 주체	수령 방식	유리한 상황
DB형	회사	퇴직 전 3개월 평균급여 × 근속연수	안정적인 수령 가능, 운용 책임은 회사에 있음
DC형	근로자	매년 연봉의 1/12 납입 후 직접 운용	투자성과에 따라 수령액 변동, 운용 지식 필요
IRP	개인 (근로자 포함)	본인 명의 계좌 적립, 중도 인출 제한	세액공제 혜택, 자영업자·프리랜서 가입 가능

연금 3총사 ③ – 연금저축과 ISA

연금저축은 의무 가입이 아니며, 대한민국 거주자라면 누구나 개설할 수 있다. 정부는 세액공제 등 다양한 세제 혜택을 제공해 가입을 유도하고 있다. 국민연금이나 퇴직연금과 달리 가입 조건이 자유롭고 중도 인출이 가능하다는 장점이 있으나, 노후 자산 목적이라면 장기 보유가 유리하다.

또한 ISA(개인종합자산관리계좌)는 연금 계좌는 아니지만, 연금저축이나 IRP와 결합할 경우 큰 시너지 효과를 낸다. 예금뿐 아니라 주식, 채권, 펀드, ETF 등 다양한 금융상품을 한 계좌에서 운용할 수 있으며, 의무 가입기간 3년을 채운 뒤 해지 시 투자수익에 대한 세제 혜택을 받을 수 있다. 특히 해지한 자금을 연금저축이나 IRP로 이전하면 추가 세제 혜택까지 누릴 수 있어, 장기적인 노후자금 마련 전략에서 매우 효율적이다.

나의 국민연금 수령액과 부족분 계산하기

공무원연금, 사학연금, 군인연금의 월평균 수령액은 약 300만 원 수준이다. 반면, 국민연금의 월평균 수령액은 약 57만 원에 불과하다. 만약 국민연금만 30년 동안 납부하여 여유 있는 노후를 보낼 수 있다면 이상적이겠지만, 현실은 그렇지 않다. 실제로 공무원·사학·군인연금 수급자의 연금액은 국민연금 수급자의 5배 이상에 이른다. 따라서 현재 국민연금만 납부하고 있다면, 월 300만 원이라는 목표 연금액에 크게 못 미치는 상황임을 인식해야 한다.

내 국민연금 예상 수령액 확인하기

먼저, 자신이 향후 받을 국민연금 예상액을 확인하는 것이 필요하다. 국민연금공단 홈페이지(www.nps.or.kr)에 접속하거나 '내 곁에 국민연금(NPS)' 앱을 설치한 뒤 로그인하여 '내 국민연금 알아보기' 메뉴를 선택하면 만 65세 이후 받을 연금 예상액을 확인할 수 있다. 이 책에서는 목표 연금액을 월 300만 원으로 설정한다. 국민연금 예상 수령액을 확인한 후, 이를 목표 금액에서 차감하면 개인이 별도로 마련해야 할 부족분이 산출된다. 이 금액이 바로 은퇴 전까지 채워야 할 추가 연금 목표액이다.

부족분을 채우기 위한 준비 절차

부족분을 계산하는 방법은 다음과 같다.

1. 목표 금액 입력

월 300만 원을 목표 연금액으로 입력한다. 이어 국민연금 예상 수령액을 기입하면 자동으로 부족분이 계산된다.

2. 예상 수령기간 입력

예를 들어, 만 65세 은퇴 후 만 85세까지 수령한다면 20년 × 12개월 = 240개월로 입력한다.

3. 예상 수익률 설정

본 계산 예시에서는 연 6% 수익률을 기준으로 한다. 이는 은행 정기예금 금리의 약 2배 수준이다.

4. 저축기간 산정

현재 나이가 40세이고 만 60세까지 저축한다면 20년 × 12개월 = 240개월을 입력한다.

[부족분 채우기 절차]

목표를 달성하기 위해 지금 당장 해야 할 일은 명확하다. 소득을 늘리고, 불필요한 지출을 줄이며, 저축액을 가능한 한 확대해야 한다. 이 과정이 결코 쉽지는 않지만, 연금 공부를 하는 이유는 이러한 고통의 기간을 최소화하고 효율적인 자산 형성을 가능하게 하기 위함이다. 특히 연금상품은 은행 예금보다 높은 수익률을 기대할 수 있을 뿐 아니라 다양한 세제 혜택까지 제공하므로 반드시 적극적으로 활용해야 한다.

국민연금을 더 많이 받는 네 가지 전략

국민연금의 가장 큰 강점은 매년 소비자물가상승률을 반영하여 연금액이 조정된다는 점이다. 이는 사적연금에서는 찾아보기 힘든 특징으로, 수령액의 실질 가치를 지키는 핵심 장치이다. 국민연금을 최대한 많이 받기 위해서는 다음 네 가지 방법을 고려하는 것이 바람직하다.

1. 가입기간을 최대한 늘린다

국민연금은 가입기간이 길수록 연금 수령액이 증가한다. 따라서 장기간 직장에 재직하며 꾸준히 보험료를 납부하는 것이 가장 기본적인 방법이다.

2. 추후납부제도 활용

과거에 납부하지 못한 기간이 있다면, 추후납부제도를 통해 해당 기간의 보험료를 납부하여 가입기간을 복원할 수 있다.

3. 임의계속가입제도 활용

퇴직 후에도 국민연금 가입을 유지하며 보험료를 납부할 수 있다. 이를 통해 은퇴 이후에도 가입기간을 연장하여 수령액을 늘릴 수 있다.

4. 반환일시금 재납부

과거 반환일시금을 수령한 적이 있다면, 해당 금액을 재납부하여 가입기간을 되살릴 수 있다. 이는 수령액 증대에 즉각적인 효과를 주는 방법이다.

이렇게 준비하면, 국민연금만으로는 부족한 은퇴자금을 채우고, 물가 상승에도 흔들리지 않는 안정적인 노후 소득 구조를 설계할 수 있다.

[국민연금 수령액 증대를 위한 전략]

전략	설명	주요 활동
가입기간 늘리기	가입기간 길수록 수령액 증가	장기 재직 및 보험료 납부
추후납부제도	미납 기간 복원	추후납부로 미납 보험료 납부
임의계속가입	퇴직 후 가입 유지	퇴직 후 보험료 납부
반환일시금 재납부	반환일시금 재납부로 가입기간 연장	반환일시금 재납부

PART 3
IRP 계좌와 연금저축계좌의 이해

 노후를 위한 재정 준비에서 가장 핵심적인 금융 수단은 세제혜택이 부여되는 연금저축계좌와 IRP 계좌이다. 이 두 계좌는 단순한 저축이 아니라, 장기 투자와 세제 절감을 동시에 실현할 수 있는 구조로 설계되어 있다.

IRP 계좌란 무엇인가

IRP는 'Individual Retirement Pension', 즉 개인형 퇴직연금 계좌를 의미한다. 원래는 퇴직금을 연금 형태로 수령하기 위한 계좌였으나, 현재는 퇴직금 외에도 개인이 추가 납입을 통해 세액공제 혜택을 받을 수 있도록 확대되었다.

IRP 계좌는 소득이 있는 사람만 가입할 수 있으며, 무소득자인 전업주부, 학생, 퇴직자는 개설할 수 없다. 또한 IRP는 금융사별로 하나만 개설할 수 있어, 같은 금융사 내에서 중복 개설은 불가하다. IRP의 가장 큰 장점은 연간 최대 900만 원까지 세액공제 혜택을 받을 수 있다는 점이다. 총급여 5,500만 원 이하(종합소득 4,500만 원 이하)의 납세자는 16.5%, 초과자는 13.2%의 세액공제를 받을 수 있다. 이는 연말정산 시 최대 148만 5,000원의 세금 감면 효과로 이어진다.

[IRP 계좌의 세액공제 혜택]

소득 수준	세액공제 비율	최대 세액공제 금액
총급여 5,500만 원 이하	16.5%	최대 148만 5,000원
총급여 5,500만 원 초과	13.2%	최대 148만 5,000원

IRP 계좌는 납입한 자금으로 다양한 금융상품에 투자할 수 있으며, 운용 중 발생하는 수익에 대해서는 과세가 이연된다. 즉, 당장 세금을 내지 않고, 연금 수령 시점에 연령에 따라 3.3~5.5%의 연금소득세를 납부하게 된다. 일반 금융상품의 15.4% 이자소득세에 비해 유리한 구조이다.

다만, IRP는 중도 인출이 원칙적으로 금지되어 있다. 사망, 해외이주, 6개월 이상 요양 등의 특별한 사유를 제외하면 중도 인출이 불가능하며, 해지 시에는 세액공제 받은 금액에 대해 16.5%의 기타소득세가 부과된다. 또한 투자 운용 시 자산의 30% 이상은 원리금 보장형 상품 등 안전자산에 의무적으로 투자해야 하는 규제가 있다.

연금 수령은 계좌 가입 후 5년 이상 경과하고, 만 55세 이상이 된 경우에 가능하다. 이 두 조건을 모두 충족해야 연금 개시가 가능하며, 조건을 만족하지 않은 상태에서 자금을 인출하면 추가 과세 등의 불이익이 발생한다.

연금저축계좌란 무엇인가

연금저축계좌는 누구나 가입할 수 있는 노후 대비형 세제혜택 계좌이다. 나이, 소득 유무와 관계없이 개설이 가능하며, 어린 자녀 명의로도 가입이 가능하다.

연금저축계좌에는 연금저축펀드, 연금저축보험 등이 포함되며, 이 중 연금저축신탁은 현재 신규 가입이 불가능하다.

연금저축계좌는 연간 최대 600만 원까지 세액공제가 가능하며, 총급여 5,500만 원 이하일 경우에는 16.5%, 그 이상일 경우에는 13.2%의 공제를 받을 수 있다. IRP와 함께 활용하면 최대 900만 원까지 세액공제를 받을 수 있다.

이 계좌의 특징은 운용의 자유로움과 유연성에 있다. 납입한 자금으로 ETF, 펀드 등 위험자산에 100% 투자할 수 있으며, 일부 증권사에서는 ETF 자동매수 기능도 지원하고 있다. 이는 장기 투자 전략을 실행하기에 매우 적합한 구조이다.

또한 연금저축계좌는 중도 인출이 가능하다. 단, 세액공제를 받은 금액을 중도에 인출하면 16.5%의 기타소득세가 부과되므로 주의가 필요하다. 그렇더라도 IRP에 비해 긴급자금이 필요한 경우 유연하게 대응할 수 있는 장점이 있다.

연금 수령은 계좌 개설 후 5년이 경과하고, 만 55세 이상이 되었을 때 가능하며, 10년 이상 연금 형태로 분할 수령하면 연금소득세가 적용된다. 이때, 세액공제를 받은 금액은 5.5%의 연금소득세가 부과되고, 공제 받지 않은 금액은 비과세 처리된다. 특히, 연령이 높아질수록 세율이 낮아지며, 70세 이상은 4.4%, 80세 이상은 3.3%로 감면된다.

[연금계좌 세액공제 한도]

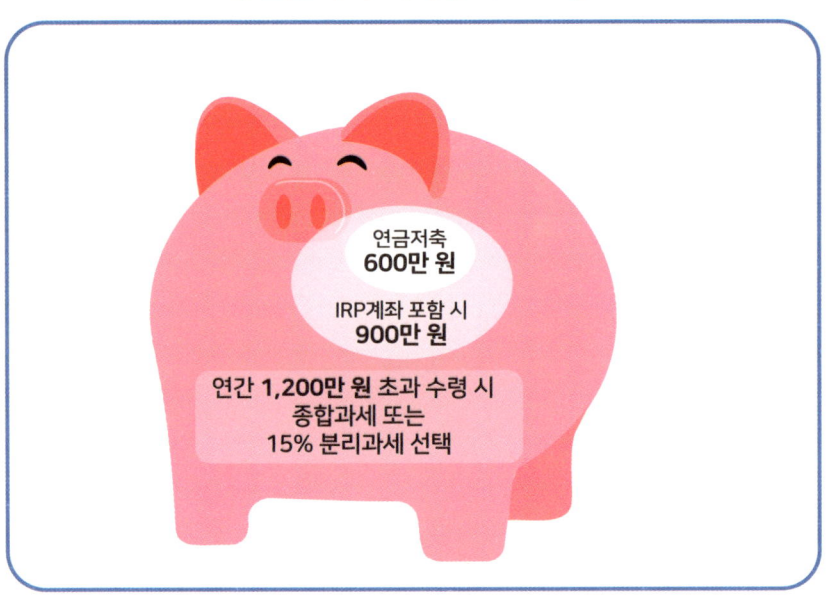

다양한 개인연금전략1 - 은퇴 시기를 고려한 TDF

연금저축은 개인이 직접 운용할 수 있는 장점이 있지만, 명확한 투자 전략이 없다면 원금 손실의 위험을 안게 된다. 이러한 경우에는 차

라리 단순 예금 운용이 더 나을 수 있다. 연금저축의 효과를 극대화하려면 투자자의 나이, 은퇴 예정 시기, 위험 선호도를 반영한 운용 원칙이 필요하다. 예를 들어 은퇴가 임박한 투자자는 자산의 안정성을 우선해야 하며, 은퇴까지 충분한 기간이 남아 있다면 성장 잠재력이 큰 자산에 보다 과감하게 투자하는 것이 바람직하다. 또한 시장 상황 변화에 따라 주기적으로 포트폴리오를 점검하고 조정하는 과정이 필수적이다.

투자 경험이 적거나 연금 운용이 처음이라면, 이러한 자산 배분 원칙을 자동으로 구현해주는 TDF(Target Date Fund)를 활용하는 것이 효과적이다.

TDF는 투자자의 은퇴 시점을 기준으로 위험자산(주식)과 안전자산(채권)의 비중을 자동으로 조정해주는 펀드이다. 은퇴까지 시간이 많이 남아 있을 때는 위험자산 비중을 높여 수익성을 추구하고, 은퇴 시점이 가까워질수록 안전자산 비중을 확대해 변동성을 줄이는 방식으로 운용된다.

TDF 이름 뒤에 붙는 숫자는 목표 은퇴연도를 나타낸다. 예를 들어, 2024년 현재 기준으로 TDF2030은 은퇴까지 약 6년, TDF2040은 약 16년, TDF2050은 약 26년을 의미한다. 이는 투자자의 생애 주기에 맞춰 자동으로 자산 배분 전략을 조정해주는 기준이 된다.

은퇴 시점별 운용 전략

은퇴 시점이 먼 경우
투자 기간이 길어 단기적인 수익률 부진이 발생해도 이를 만회할 시간이 충분하다. 따라서 안정성보다는 성장성에 중점을 두고 위험자산의 비중을 높이는 것이 유리하다.

은퇴 시점이 가까운 경우

투자 손실을 만회할 시간이 제한적이므로 변동성이 낮고 꾸준한 성과를 기대할 수 있는 안전자산 중심으로 포트폴리오를 구성하는 것이 필요하다.

TDF는 은퇴 시기, 자산 배분, 위험 관리라는 세 가지 요소를 동시에 고려할 수 있는 효율적인 수단이다. 특히 투자 경험이 많지 않거나 장기적인 자산 관리 계획을 세우기 어려운 투자자에게는 '자동 운용'이라는 장점이 큰 도움이 된다. 연금저축이나 IRP 계좌에서 TDF를 활용하면, 복잡한 시장 분석 없이도 은퇴 시점에 맞는 안정적인 포트폴리오를 유지할 수 있다.

[은퇴 시점별 자산 배분 전략]

은퇴 시점	은퇴 시점이 먼 경우	은퇴 시점이 가까운 경우	은퇴 후
위험자산(주식)	70%~100%	40%~60%	0%~50%
안전자산(채권)	0%~30%	40%~60%	50%~100%
운용 전략	위험자산 비중을 높여 성장성 추구	안전자산 비중을 높여 변동성 감소	안정성 우선, 자산 보호가 중요

다양한 개인연금전략2 - 월배당 ETF

연금저축은 장기적인 자산 증식을 목적으로 하지만, 실제 은퇴 이후에는 생활비로 인출해야 한다는 현실적인 과제가 있다. 이때 수익이 발생했더라도 인출 과정에서 원금이 훼손된다면 심리적 불안이 커질 수 있다. 특히 시장 변동성이 심한 시기에 원금을 줄이면서 생활비를 확보하는 일은 상당한 스트레스를 유발한다.

이러한 문제를 완화하는 방법 중 하나가 월지급식(배당형) 상품, 그

중에서도 월배당 ETF를 활용하는 것이다. 월배당 ETF는 보유 자산의 가격 변동과 관계없이, 배당금으로만 현금 흐름을 만들어낼 수 있다. 이를 통해 투자자는 원금을 건드리지 않고 생활비를 확보할 수 있으므로, 심리적 안정감이 크다.

연금저축 내에 일반 ETF를 편입한 경우, 인출 시점의 시장 상황에 따라 다음과 같은 문제가 발생할 수 있다.

포트폴리오 전체가 수익 구간일 때
수익금 일부를 매도해 생활비를 확보하는 데 심리적 부담이 거의 없다.

수익과 손실이 혼재할 때
일부 종목이 손실 상태라면 매도 대상 선정에서 심리적 저항이 발생한다. 손실 종목을 매도하기 싫어지거나, 수익 종목을 매도해도 아깝다는 생각이 든다.

포트폴리오 전체가 손실 구간일 때
원금을 훼손하며 인출해야 하므로 심리적 타격이 크다. 특히 은퇴 이후라면 손실 회복 기간이 제한적이어서 더 큰 부담을 준다.

월배당 ETF는 매월 배당금이 발생하므로, 생활비가 필요할 때 굳이 보유 종목을 매도하지 않아도 된다. 생활비 규모에 맞춰 배당금 수령액을 설정해두면, 시장 가격 변동에 관계없이 일정한 현금 흐름을 유지할 수 있다.

이 방식의 장점은 다음과 같다.

심리적 안정 - 원금을 매도하지 않고 생활비를 확보할 수 있어 투자 지속성이 높아진다.

현금 흐름 예측 가능성 - 매월 일정한 시점에 배당금이 지급되므로 가계 자금 계획을 세우기 용이하다.

운용 효율성 - 배당금은 재투자하거나 생활비로 바로 사용할 수 있어 자금 활용도가 높다.

은퇴가 가까운 투자자는 목표 생활비를 산출한 뒤, 해당 금액을 배당금으로 충당할 수 있는 규모의 월배당 ETF 포트폴리오를 구성하는 것이 바람직하다. 이렇게 하면 시장 변동성이 심한 시기에도 자산 매각 없이 생활비를 확보할 수 있어, 장기적인 자산 보존과 안정적인 현금 흐름이라는 두 가지 목표를 동시에 달성할 수 있다.

즉, 월배당 ETF는 은퇴 이후 생활비 마련의 불확실성을 줄이고, 투자자의 심리적 안정과 자산 운용 효율성을 높이는 강력한 도구이다. 은퇴자나 은퇴를 앞둔 투자자에게 특히 적합한 운용 방식이라 할 수 있다.

PART 4
연금 목표금액 설정과 목표수익률 달성 전략

노후 재정 설계에서 가장 중요한 것은 얼마가 필요하고, 어떻게 불릴 것인가에 대한 분명한 기준을 세우는 것이다. 이 두 질문에 대한 해답은 각각 연금 목표 금액 산정과 목표 수익률 전략을 통해 도출된다. 특히 장기간에 걸친 연금 수령을 전제로 하기 때문에, 단순한 현재 가치 계산을 넘어서 물가 상승률을 반영한 미래 가치 관점의 접근이 필요하다.

연금 목표금액 설정

은퇴 이후의 삶은 평균 20~30년 이상 지속되며, 이 기간 동안 물가는 지속적으로 상승하게 된다. 따라서 연금 목표금액을 산정할 때는 현재 기준 생활비만을 고려해서는 부족할 수밖에 없다. 이에 따라 연금 자금 산정에는 물가상승률을 고려한 미래가치 계산이 필수적이다.

우선, 현재 기준에서 은퇴 이후 필요한 월 생활비를 추산한다. 일반적으로 월 300만 원 수준이 적정선으로 평가되며, 연간 기준으로는 3,600만 원이다. 이를 기준으로 은퇴 이후 생활기간을 25년(예: 60세 은퇴, 85세 사망)으로 설정하면, 단순 누적 생활비는 3,600만 원 × 25년 = 9억 원이 된다.

하지만 여기에 연평균 물가상승률을 2%로 가정하면, 실제로는 이보다 훨씬 많은 금액이 필요하다. 물가상승률을 감안한 총 필요 생활비는 다음의 미래가치 누적 공식을 활용하여 계산할 수 있다.

필요 총 자금
= 연간 생활비 × $\{(1 + 물가상승률)^n - 1\}$ ÷ 물가상승률

예를 들어, 연 3,600만 원의 생활비가 필요하고 물가상승률 2%, 25년간 생활할 경우:

필요 총 자금
= 3,600만 원 × {(1.02)^25 − 1} ÷ 0.02 ≈ 3,600만 원 × 40.6 ≈ 14억 6,160만 원

즉, 단순 계산으로는 9억 원이지만, 물가상승률 2%를 반영할 경우 실제 필요한 총자금은 약 14.6억 원으로 증가하게 된다.

다음으로는 기 확보 자산을 파악해야 한다. 국민연금, 퇴직연금, 사적연금 등을 합산한 연금 예상액이 연간 2,000만 원이라면, 25년간 수령 총액은 약 5억 원이다. 물가상승률을 반영하더라도 공적연금은 일정 인상률을 따라가기 때문에, 보수적으로 5~6억 원 수준으로 반영할 수 있다.

결과적으로, 물가상승률을 반영한 부족자금은 약 14.6억 원 − 5억 원 = 9.6억 원이며, 이 금액이 개인이 준비해야 할 연금 목표금액이 되는 것이다. 일부 전문가들은 이 자금의 3~5% 수준을 연간 생활비로 사용하는 '역산 전략(역펀딩)'도 병행해 활용하고 있다.

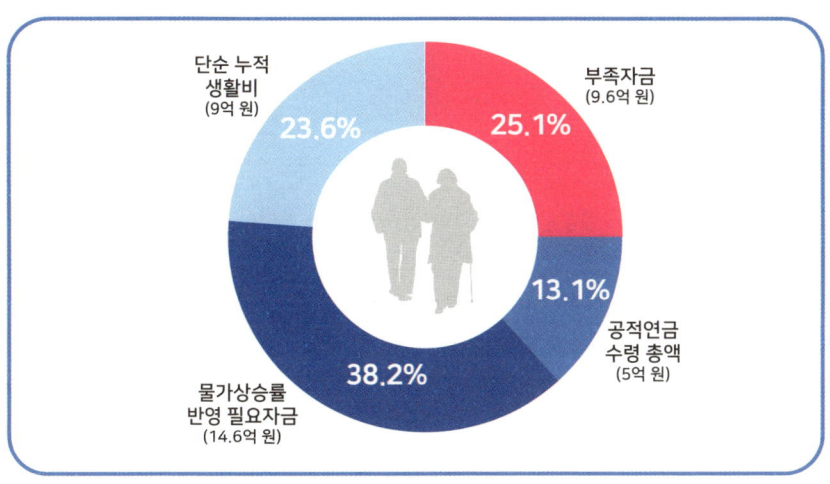

[물가상승률 반영 시 연금 필요자금 구조]

목표 수익률 달성 전략

연금 목표 금액이 정해졌다면, 그 자금을 어떤 방식으로 운용해 목표 수익률에 도달할 것인지에 대한 전략 수립이 필요하다. 특히 물가 상승률을 반영한 연금 자금은 규모가 크기 때문에 단순 저축만으로는 이를 달성하기 어렵다. 따라서 실질 수익률을 확보할 수 있는 투자형 자산의 활용이 핵심 전략이 된다.

우선 현실적인 수익률 목표를 설정해야 한다. 국민연금의 중기 목표 수익률은 연 5.4~5.6% 수준이며, 개인 연금 자산에서도 연 4~5% 수준의 실질 수익률이 적절한 목표치로 간주된다. 이는 물가 상승률 2% 내외와 실질 성장률을 더한 수치에 해당한다.

이러한 수익률을 달성하기 위한 전략 중 가장 기본이 되는 것은 자산 배분을 통한 분산 투자이다. 자산군(주식, 채권, 대체 투자 등), 투자 지역, 산업 섹터 등을 다양하게 분산하는 방식은 위험을 줄이면서도 장기적인 평균 수익률을 높이는 효과가 있다.

[연 4~5% 실질 수익률을 위한 투자 전략]

① 수익률 목표 설정
국민연금 중기 목표 수익률: 5.4~5.6%
개인 연금 수익률 목표: 연 4~5%
기준: 물가상승률 + 실질 성장률

② 자산배분 중심 분산투자 전략
기본 포트폴리오 예시:
: 주식 55% / 채권 30% / 대체투자 15%
방법: 자산군, 지역, 섹터별 분산

③ 투자 상품 활용 전략
자동 자산배분형 펀드 (TDF, 글로벌 인덱스펀드) → 은퇴 시점에 맞춰 리스크 조절
변액연금보험 → 수익 + 연금 보증 기능
디폴트옵션, 목표전환형 상품 → 자동화 + 실적 기반 수익 실현

예를 들어, 주식 55% / 채권 30% / 대체 투자 15%와 같은 자산 배분 포트폴리오는 국민연금의 운용 전략과 유사하며, 실제로도 균형 잡힌 수익률을 제공해 왔다.

여기에 글로벌 인덱스 펀드 또는 타깃데이트펀드(TDF)와 같은 자동 자산 배분형 상품을 활용하면, 투자 지식이 부족한 일반 개인도 안정적인 장기 투자가 가능하다. 이러한 펀드들은 은퇴 시점이 가까워질수록 자동으로 안전 자산 비중을 늘려 수익률의 변동성을 줄이는 구조를 가지고 있다.

여기에 변액연금보험을 전략적으로 활용하는 것도 주목할 필요가 있다. 변액연금보험은 연금 개시 전까지 보험사가 제공하는 다양한 펀드에 자산을 투자하여 수익을 추구할 수 있는 연금형 보험 상품이다. 일반 펀드나 ETF와는 달리, 최소 연금액 보증 기능(일정 조건 충족 시)이 있는 상품도 존재해 수익성과 안정성을 동시에 추구할 수 있는 구조로 설계되어 있다.

변액연금보험은 ETF나 펀드처럼 직접적인 투자 통제를 원하는 경우에는 다소 제한적일 수 있지만, 일정 부분 자동화된 투자와 연금 보증 기능을 함께 원하는 투자자에게는 매우 적합한 상품이다. 따라서 전체 자산 중 일부는 변액연금보험에 편입시켜 위험을 분산하면서도 예측 가능한 연금 재원을 확보하는 전략이 효과적이다.

이러한 실적 배당형 자산 외에도, 일정 수익률에 도달하면 자동으로 이익을 실현하는 목표 전환형 상품, 또는 투자 지식이 부족한 경우 사용할 수 있는 디폴트 옵션(자동 포트폴리오 운용 기능) 등을 통해 목표 수익률 달성을 보다 체계적이고 자동화된 방식으로 접근할 수 있다.

실행 및 관리 전략

연금 설계에서 가장 확실한 전략은 일찍 시작하는 것이다. 자산 배분이나 상품 선택, 시장 예측 능력보다도 먼저 고려해야 할 핵심 요소는 시간의 힘, 즉 복리 효과의 누적 시간이다. 연금은 단기 성과를 기대하는 상품이 아니며, 복리로 자산을 불리는 데 필요한 것은 수익률이 아닌 시간이다.

예를 들어, 동일한 수익률 5%를 기준으로 20년간 매월 50만 원씩 적립할 경우 최종 적립금은 약 2억 원이 되지만, 30년간 적립할 경우에는 3억 9,000만 원 이상으로 두 배에 가까운 차이를 보이게 된다. 이처럼 10년 차이는 수익률 몇 퍼센트의 차이보다 훨씬 더 큰 영향을 미친다.

많은 사람들이 연금 준비를 미루다가 40대 후반이나 50대에 접어들어 불안함을 느끼기 시작한다. 그러나 그 시점에서는 복리 효과를 충분히 활용하기에 시간적 여유가 부족하다. 결국 빠듯한 자금을 쪼개야 하거나, 높은 수익률을 감수하면서 투자 리스크를 감내해야 하는 상황에 놓이게 된다.

반면 20~30대 초반부터 연금 자산을 준비한 사람은 매월 소액으로도 충분한 자산 형성이 가능하며, 투자 실패에 대한 리스크도 시간 속에 흡수된다.

또한, 연금을 빨리 시작하는 것은 단순히 숫자의 문제가 아니라 심리적 안정성을 제공한다. 매달 일정 금액이 쌓여가는 과정을 직접 체험하게 되면, 은퇴 이후 재정에 대한 두려움이 줄어들고 재무 습관도 함께 개선되는 효과를 얻을 수 있다. 장기 투자에 대한 이해도도 높아지고, 단기 시장 변동에 흔들리지 않는 투자 태도 역시 자연스럽게 갖추게 된다.

특히 연금 계좌는 세액공제 혜택을 동반하기 때문에, 소득이 있는 즉시 활용하는 것이 유리하다. 예컨대 연금저축과 IRP를 병행하여 연간 900만 원을 납입하면 최대 148만 5,000원의 세금을 돌려받을 수 있다. 이 금액도 다시 연금 계좌에 재투자한다면, 복리 효과는 더욱 커지게 된다.

이처럼 연금 계좌는 단순한 저축이 아니라, 절세와 복리, 투자 운용을 모두 활용할 수 있는 종합형 재무 도구이다.

은퇴 시점이 가까워질수록 자산의 안정성과 유동성 확보가 중요해진다. 이는 포트폴리오 내에서 주식 비중을 줄이고, 채권이나 예금 등 안정적 자산을 늘려가는 방식으로 조정하게 된다. 그러나 이런 자산 전환 전략은 충분한 적립금이 전제되어야 실행할 수 있다. 결국 이는 초기부터 꾸준히 연금을 준비한 사람만이 누릴 수 있는 여유이다.

[연금 실행 및 관리 전략 단계]

1 일찍 시작
→ 복리 효과는 시간의 함수. 20년 vs 30년의 차이는 두 배

2 자금 여유 확보
→ 늦게 시작하면 높은 수익률 요구, 리스크 커짐

3 소액이라도 꾸준히
→ 20~30대부터 시작하면 리스크를 시간에 흡수 가능

4 심리적 안정성
→ 연금 적립 과정이 은퇴 불안 완화, 투자 습관 개선

5 세제 혜택 활용
→ 연금저축+IRP → 최대 148.5만 원 환급 → 재투자 시 복리 극대화

6 자산 안정성 전환
→ 은퇴 시점엔 안정자산(채권·예금)으로 포트폴리오 조정

PART 5
연금 운용을 잘하는 자산 배분 7가지 전략

1. 한 방 대신 오래가는 길

투자 세계에는 늘 '확실한 정보'가 떠돌곤 한다. 어느 날은 A사 주식이 반드시 급등할 것이라는 소문이 돌고, 또 다른 날은 주변에서 '코인으로 단숨에 몇 배 수익을 얻었다'는 이야기가 들려온다. 이런 이야기는 누구든 마음을 흔들기에 충분하다. '혹시 나만 기회를 놓치고 있는 건 아닐까?'라는 불안감은 사람을 쉽게 몰빵 투자로 이끈다. 하지만 노후 자금, 즉 연금을 위한 투자는 단 한 번의 승부가 아니다. 인생의 후반부, 수십 년에 걸쳐 안정적으로 생활비를 마련하기 위한 장기 마라톤이다.

연금 운용에서 단기 예측은 누구도 장담할 수 없다. 주식 전문가조차 내일의 시장 방향을 맞히기 어려운데, 일반 투자자가 확실한 종목이나 시기를 알아낸다는 것은 사실상 불가능하다. 실제로 2020년 코로나 팬데믹 직후, 많은 이들이 '주가는 당분간 끝없이 추락할 것'이라고 예상했지만, 불과 몇 달 만에 글로벌 증시는 역사적인 상승 랠리를 기록했다. 반대로 2021년 말에는 '기술주는 계속 오를 것'이라는 기대가 팽배했지만, 이듬해 금리 인상과 경기 둔화로 상당수 기술주가 절반 이하로 떨어졌다. 이처럼 단기 전망은 언제든 뒤집힐 수 있다.

따라서 연금 운용의 첫 번째 원칙은 몰빵의 유혹에서 벗어나 자산 배분으로 변동성을 낮추는 것이다. 자산 배분은 주식, 채권, 현금성 자산, 원자재, 부동산(간접 투자 포함) 등 서로 성격이 다른 자산군을 섞어두는 전략이다. 이렇게 하면 어떤 자산이 일시적으로 손실을 보더라도, 다른 자산이 이를 보완해 전체 포트폴리오의 안정성을 높여 준다.

[몰빵 투자와 자산 배분의 차이]

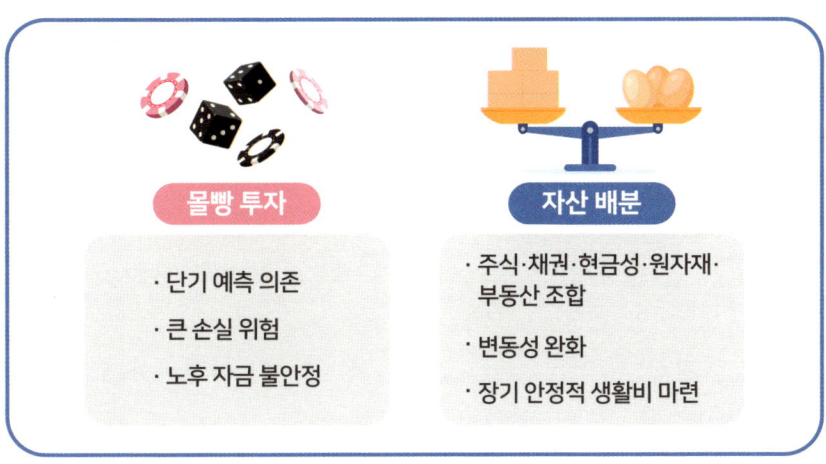

2. 자산 배분이 연금에 특히 중요한 이유

첫째, 예측 불가능성 관리이다. 어떤 해에는 주식이, 또 어떤 해에는 채권이, 때로는 금(원자재)이 돋보인다. '무엇이 언제 오를지 모른다'는 사실 자체가 자산 배분의 근거이다.

둘째, 심리적 방어막이다. 장기 투자에서 가장 큰 리스크는 시장이 아니라 투자자의 감정이다. 큰 하락에서 포기하지 않도록, 포트폴리오의 변동폭을 줄여 주는 장치가 필요하다.

셋째, 연금의 '지속성' 때문이다. 연금은 인생 후반의 생활비를 담당한다. 단기 고수익보다 낙폭 관리와 회복력(Resilience) 이 더 중요하다. 자산 배분은 같은 기대 수익에서도 표준편차와 최대 낙폭(MDD)을 낮추어 순응도를 높인다.

3. 상관 관계를 읽어야 배분이 보인다

상관 관계는 두 자산이 함께 움직이는 정도를 나타내는 지표이다. 연금 포트폴리오의 핵심은 상관 관계가 낮거나 음(-) 인 자산을 섞는 것이다.

- **주식 vs 국채**: 위기 국면에서 종종 반대 방향으로 움직여 완충 역할을 한다.
- **주식 vs 금(원자재)**: 인플레이션·지정학 리스크 구간에서 금이 방패가 될 수 있다.
- **현금성 자산**: 수익률은 낮지만 변동성 완화와 리밸런싱 재원으로 유용하다.

[상관 관계를 활용한 분산 투자 효과]

핵심은 두 가지이다. 첫째, 장기 우상향 기대가 있는 자산만 섞을 것, 둘째, 서로 다른 시기에 강한 자산을 섞을 것. 그래야 분산의 수학이 실제 성과로 연결된다.

4. 리밸런싱: 자동으로 싸게 사고 비싸게 판다

자산 배분은 한 번의 배분으로 끝나지 않는다. 시간이 지나면 수익이 난 자산의 비중이 자연스레 커진다. 이때 정기적 리밸런싱(예: 연 1회 또는 반기 1회) 으로 원래의 비중으로 되돌리면 고평가 구간에서 일부 차익 실현, 저평가 자산 저점 매수의 효과가 자동으로 발생한다.

- **주기형 리밸런싱**: 매년 생일 달에 비중 복원처럼 일정 주기로 실행
- **밴드형 리밸런싱**: 자산군이 목표 대비 ±20% 상대 편차(또는 절대 5%p) 이상 이탈 시 실행
- **현금 흐름 리밸런싱**: 납입·인출·배당/쿠폰 재투자 시 편향된 자산군 반대로 배분

[리밸런싱 3가지 실행 방식]

"자동으로 싸게 사고, 비싸게 판다"

주기형 리밸런싱
일정 시점마다 복원

밴드형 리밸런싱
목표 대비
±20% 이탈 시 복원

현금 흐름 리밸런싱
납입/인출/배당 재투자 시
자동 보정

연금 운용에서는 과도한 거래를 피하면서도 쏠림을 교정하는 리듬을 갖추는 것이 핵심이다. 장기적으로 리밸런싱은 변동성 조절과 초과 수익(리밸런싱 프리미엄) 모두에 기여할 수 있다.

5. 시나리오 사고:
기술, 물가, 지정학을 포트폴리오에 '내장'하라

미래는 하나의 경로가 아니라 여러 시나리오의 확률 혼합이다.

- **기술 가속 시나리오**: 혁신주·미국 대형주가 상대적 강세일 수 있으

나 밸류·배당·해외 주식(신흥국 포함)을 함께 보유해 성장 편향의 리스크를 낮춘다.
- 물가·금리 급등 시나리오: 채권 듀레이션을 줄이고 인플레이션 민감 자산(원자재, 리츠 일부, 단기채, 변동금리채) 을 보강한다.
- 지정학 불안 시나리오: 금(원자재)·고품질 국채가 방어막 역할을 할 수 있다.
- 저성장·완만한 물가 시나리오: 품질주·우량 채권이 기본축이 된다.

연금 포트폴리오는 이들 시나리오 각각에 대해 한쪽이 부진할 때 다른 쪽이 보완하도록 구성되어야 한다.

6. 생애 주기(Glide Path): 나이에 따라 위험을 조정하라

연금은 '언제 쓰느냐'가 결정적 변수이다. 위험 수용 능력(소득 안정성, 비상 자금, 채무 수준)과 위험 선호(심리적 허용치) 를 기준으로 연령대별 위험 비중을 조정한다.

- **적립기(20~40대)**: 주식 비중 높게(예: 60~80%), 채권·대체 자산으로 완충, 현금은 최소
- **전환기(50대)**: 점진적으로 변동성 낮추기(주식 50~60% → 40~50%), 듀레이션이 다른 채권 혼합
- **인출기(60대 이후)**: 시퀀스 리스크(초기 큰 손실이 인출 지속 가능성을 갉아먹는 현상) 를 방지하기 위해 현금·단기채 버킷을 확보하고, 주식 비중은 생활비 커버 범위 안에서 유지한다.

3-버킷 전략(연금 인출 설계에 유용)
1. **단기 버킷(2~3년 생활비)**: 예·적금, MMF, 단기채 - 하락장에 주식 매도 없이 버팀

2. **중기 버킷(3~7년)**: 중기채, 배당주, 리츠(선별) – 완만한 성장 + 현금 흐름
3. **장기 버킷(7년+)**: 글로벌 주식, 인플레 헤지 자산 – 성장과 구매력 방어

시장은 순환한다. 버킷은 인출 규율을 제공하여 공포 매도를 줄인다.

[3-버킷 전략 구조]

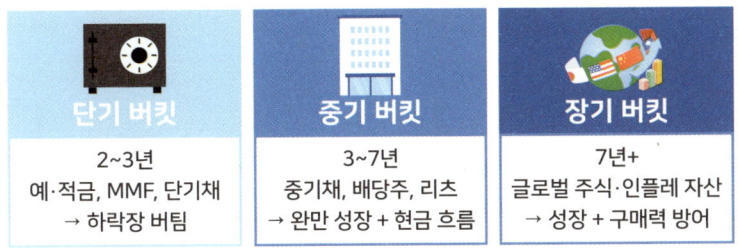

7. 모델 포트폴리오 예시

균형형(적립기 후반~전환기 초입)
- 글로벌 주식 45% (미국 30, 선진 10, 신흥 5)
- 채권 35% (중장기 국채 20, IG 회사채 10, 단기채 5)
- 대체·원자재 10% (금 7, 기타 3)
- 현금성 10% → 변동성과 낙폭을 낮추면서도 성장 동력 확보

보수형(인출기 초입, 생활비 비중 큰 경우)
- 글로벌 주식 30% (배당/퀄리티 위주)
- 채권 50% (단·중·장 듀레이션 분산, 일부 물가 연동)
- 대체·원자재 10% (금 7, 리츠·인프라 3)
- 현금성 10% → 시퀀스 리스크 방어와 현금 흐름 안정 우선

성장형(적립기, 장기 목표·충분한 비상 자금 보유)
· 글로벌 주식 65% (미국 지수+팩터 혼합, 선진·신흥 분산)
· 채권 20% (단·중기 혼합)
· 대체·원자재 10% (금 5, 광범위 원자재·리츠 5)
· 현금성 5% → 장기 초과 수익 지향, 단 변동성 감내가 전제이다.

구현은 저비용 인덱스 ETF 조합이 합리적이다. 동일 자산군이라면 총보수 낮은 상품이 장기 성과에 유리하다.

이상현 전문가의 연금솔루션
3층 연금과 연금보험으로 완성하는 노후자산법!

이상현

- 인카금융 더 라온 본부 대표
- '호구되지 않는 보험 가이드북' 저자
- '보험영업으로 부자 되는 14개의 비밀노트' 저자
- 보험연수원 '보험 전문가 콘텐츠' 출연
- 한국보험신문 '재무설계 전문가' 인터뷰
- 보만세TV '억대 연봉 성공인' 출연
- 위드림부산 '2030커뮤니티' 재무설계사 인터뷰

　이상현 저자는 인카금융 더 라온 본부 대표로 활동하며 보험과 재무설계 현장에서 경험을 쌓아온 전문가다. 『호구되지 않는 보험 가이드북』, 『보험영업으로 부자 되는 14개의 비밀노트』의 저자이며, 보험연수원·한국보험신문·보만세TV 등 다양한 매체에서 금융 지식을 전해왔다.

　이번 책에서 그는 공적연금 고갈, 저금리, 세제 변화라는 세 가지 시나리오 속에서 국민연금·퇴직연금·개인연금을 활용해 '3층 연금 탑'을 쌓는 해법을 제시한다. 그의 메시지는 명확하다. '은퇴설계는 선택이 아니라 생존의 문제'라는 것이다.

이 글을 시작하며

세금·연금·투자, 3대 기둥 위에 쌓는 은퇴 전략

대한민국은 지금 인구 구조의 변곡점 위에 서 있다. 저출산과 고령화, 지방 도시 소멸은 더 이상 먼 미래가 아니다. 생산가능인구는 줄고 부양해야 할 인구는 늘어나며, 공적연금은 압박을 받고 저금리 환경은 자산 증식을 제한한다. 세제 개편까지 겹치며 은퇴를 떠받칠 세 기둥 '세금·연금·투자'가 동시에 흔들리고 있다.

'국민연금과 퇴직금이면 충분하다'는 생각은 더 이상 통하지 않는다. 소득대체율은 낮고, 퇴직연금도 운용을 잘못하면 생활비조차 부족하다. 이제는 개인이 장기적이고 체계적인 전략을 세워야 한다.

이 책은 세 가지 시나리오—공적연금 고갈, 저금리 고착화, 세제 변화—를 틀로 은퇴설계를 제시한다. 해법은 '3층 연금탑 쌓기'다. 국민연금을 기초로 퇴직연금과 개인연금을 더하고, 장수 리스크를 줄이는 장치와 비과세 혜택, 달러·변액연금 같은 상품을 활용해 실질 수익률을 높여야 한다.

100세 시대를 넘어서는 지금, 은퇴설계는 생존의 문제다. 인구절벽은 피할 수 없지만, 준비 여부에 따라 노후는 달라진다. 오늘의 선택이 20년 뒤 삶의 품격을 결정한다.

PART 1
인구절벽 시대의 은퇴설계
: 꼭 알아야 할 3가지 변화

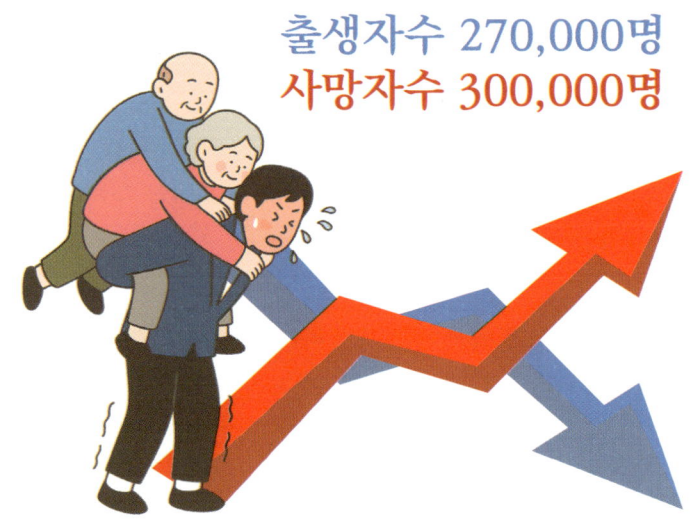

※인구절벽이란?
일할 수 있는 사람(15~64세)은 줄고, 은퇴한 고령층(65세 이상)은 급격히 늘어나 사회 구조가 흔들리는 현상

은퇴 이후의 삶을 상상해 본 적이 있는가? 매달 꼬박꼬박 내는 국민연금이 20년, 30년 뒤에도 지금처럼 제 역할을 할 것이라 자신할 수 있을까? 가까운 일본은 이미 고령화와 인구 절벽으로 연금 재정 불안, 저금리, 세금 부담 증가라는 문제를 겪고 있다. 그러나 이는 단순히 이웃 나라의 이야기가 아니다. 곧 우리의 미래를 비추는 거울이다.

특히 한국은 상황이 더 심각하다. 2024년 합계출산율은 0.72명으로 세계 최저 수준이다. 2025년부터는 인구가 감소세로 돌아서고, 2040년이면 국민 10명 중 3명이 65세 이상 고령층이 될 것으로 전망

된다. 단순한 통계 변화가 아니다. 은퇴 준비는 물론, 국가 경제 전반을 흔들 수 있는 구조적 위기다.

인구 절벽은 숫자의 문제가 아니다. 일할 사람은 줄고, 은퇴자는 늘어나며, 가장 먼저 흔들리는 것이 바로 국민연금이다. '내가 내는 연금, 나중에 제대로 받을 수 있을까?' 이제 누구도 외면할 수 없는 질문이다. 그렇다면 우리는 어떤 준비를 해야 하는가?

이 책은 그 해답을 찾는 여정에서 출발한다.

[인구추계 시나리오별 인구 피라미드]

[출처 : 한반도미래인구연구원]

인구절벽이 불러올 세 가지 변화

인구절벽은 단순히 인구 감소 문제가 아니라 은퇴 생활을 둘러싼 환경 전체를 바꾸는 요인이다. 앞으로 특히 주목해야 할 변화는 세 가지이다.

국민연금 같은 제도의 불안정

지금까지는 국민연금이나 공무원연금을 당연히 받을 수 있다고 생각했다. 하지만 앞으로는 다르다. 내는 사람은 줄고 받는 사람은 늘어나면서 연금 제도 자체가 불안해질 수밖에 없는 구조이다.

낮은 금리가 오래가는 시대

인구 감소와 경제 성장 둔화로 과거처럼 금리가 높아지기는 어렵다. 이는 은퇴 후 은행 이자만으로 생활을 유지하기가 점점 힘들어진다는 것을 의미한다.

세금 부담의 증가

국가 재정이 악화되면 결국 세금을 더 걷게 된다. 은퇴세대 역시 예외가 아니다. 따라서 단순히 '얼마를 모을까'가 아니라, '세금을 내고 난 뒤 실제 내 손에 얼마가 남을까'를 따져야 한다.

[인구절벽이 가져올 3대 변화]

앞으로의 은퇴설계 방향

인구절벽은 더 이상 먼 이야기가 아니라 현재 진행 중인 문제이다. 따라서 은퇴 준비 역시 과거 방식 그대로는 부족하다. 앞으로의 은퇴설계는 다음 세 가지 방향에서 접근해야 한다.

공적연금에만 의지하지 않는 3층 연금제도

국민연금(공적연금)만으로는 안정적인 노후 생활이 어렵다. 퇴직연금(기업연금)과 개인연금을 함께 준비하는 3층 연금제도가 필요하다.

저금리 시대에 맞는 투자 전략

은행 이자만으로 생활하기는 힘든 시대이다. 채권, 펀드, 변액연금, 리츠(REITs) 등 분산 투자 전략을 통해 안정적이면서도 수익을 기대할 수 있는 자산 운용이 필요하다.

세금까지 고려한 비과세 저축 활용

세금 부담이 늘어날수록 비과세 금융상품과 보험을 적극적으로 활용해야 한다. 실제 손에 남는 은퇴 자금을 극대화하려면 세금까지 고려한 설계가 필수적이다.

[앞으로의 은퇴설계 3대 방향]

설계 방향	핵심 포인트	해결 방법
3층 연금제도	국민연금만으론 부족	퇴직연금 + 개인연금
투자 전략	은행 이자 의존 한계	채권·펀드·리츠 분산
비과세 저축	세금 후 자금 축소	비과세 상품 활용

PART 2
3층 연금쌓기가 왜 필요할까

은퇴 후 필요한 자금이 최소 7.7억 원이라는 현실 앞에서 체계적인 준비가 필요하다. 통계청에 따르면 한국인의 기대수명은 82.7세이고, 은퇴 예상 연령은 68세이지만 실제 은퇴 나이는 약 63세로 나타난다. 이로 인해 은퇴 후 20년간의 소득 공백 기간이 발생하게 된다.

[노후 필요 자금 비교]

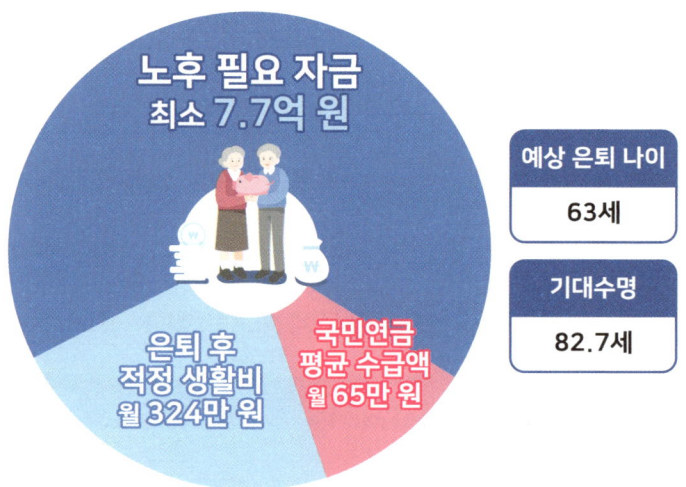

연금(年金)은 일정 기간마다 정기적으로 지급되는 돈을 의미한다. 노년기에 월급처럼 꼬박꼬박 들어오는 연금은 은퇴 후 경제생활에서 중요한 역할을 하므로, 안정적인 노후 생활을 위해서는 연금을 통한 든든한 노후 설계가 필요하다.

노후 소득을 보다 안정적으로 보장받기 위해 '3층 연금 탑 쌓기'가 권장된다. 3층 연금이란 국민연금, 퇴직연금, 개인연금을 말한다. 공적 연금인 국민연금과 사적 연금인 퇴직연금, 개인연금이 서로 보완 작용하여 노후 빈곤을 예방하고 안정적인 생활을 유지할 수 있도록 돕는 구조를 이룬다.

국민연금공단이 발표한 통계에 따르면, 2024년 6월 말 기준 전체 노령연금 수급자의 평균 수급액은 약 65만 원이다. 반면 2023년 12월 통계청에서 발표한 은퇴 후 부부 기준 적정 생활비는 약 324만 원으로, 노후 자금을 충분히 확보하기 위해서는 국민연금 외에도 퇴직연금과 개인연금을 함께 활용하는 것이 중요하다.

[인구절벽 3대 시나리오 요약 & 대응 전략]

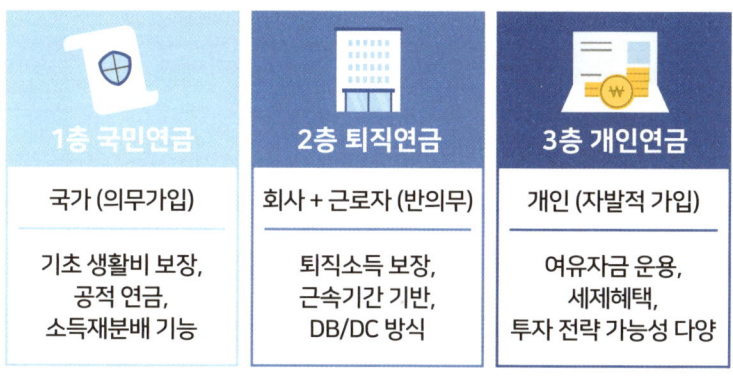

1층연금 기초생활을 보장하는 국민연금

국민연금은 누구나 기본적인 생활을 영위할 수 있도록 국가에서 노후 기초 생계비를 보장하는 사회보장 제도이다. 국가가 운영하는 연금으로, 국내에 거주하고 소득이 있는 만 18세 이상 60세 미만의 국민이라면 누구나 의무적으로 가입해야 한다.

국민연금 가입 유형은 사업장가입자와 지역가입자로 나뉜다. 직장에 다니는 경우 사업장가입자에 해당하므로 근로자를 고용하고 있는 사업장에서 의무적으로 가입한다. 가입 후에는 소득의 일정 비율(2023년 기준 보험료 9%)을 보험료로 납부해야 한다. 지역가입자는 본인이 9%를 모두 부담하는 반면, 사업장가입자라면 근로자가 절반인 4.5%를 부담하고 나머지 4.5%는 사업자가 부담하여 납부한다.

2024년 9월 정부에서 발표한 연금개혁안에 따르면, 국민연금 보험료율이 9%에서 13%로 인상될 예정이다.

2층연금 보다 안정된 생활을 보장하는 퇴직연금

퇴직연금은 국민연금 외에 추가 소득을 마련해 은퇴 후 근로자의 재정적 안정을 강화하는 제도이다. 회사가 근로자에게 지급해야 할 퇴직급여(퇴직금)를 금융회사(퇴직연금사업자)에게 맡겨 운용하다가, 근로자가 퇴직할 때 또는 55세 이후에 일시금이나 연금의 형태로 지급하는 제도이다.

퇴직연금은 적립금을 운용하는 주체에 따라 DC형과 DB형으로 나뉜다. 확정기여형인 DC형의 경우 근로자를 고용한 기업이 납입할 부담금이 사전에 확정되어 있는 형태로(연간 임금총액의 1/12 이상), 기업에서 부담한 적립금과 필요에 따라 근로자 개인이 추가로 납입한 금액을 근로자가 직접 운용하게 된다. 운용성과에 따라 수익이 달라질 수 있기 때문에 최종 퇴직 급여가 변동되는 특징이 있다.

반면 확정급여형인 DB형은 '퇴직 직전 3개월 평균임금에 근속 연수를 곱한 금액'을 퇴직 급여로 지급하기로 사전에 확정하는 형태이다. 이 경우 고용주가 투자를 관리하며, 운용성과에 대한 책임도 고용주가 지기 때문에 기업에서 부담하는 금액은 운용 실적에 따라 달라질 수 있다.

[퇴직연금 DB형 vs DC형]

구분	DB형 (확정급여형)	DC형 (확정기여형)
지급 방식	퇴직 전 평균임금 × 근속연수로 확정	기업이 납입하는 부담금 + 개인 납입액
운용 주체	고용주 (기업이 운용)	근로자 (직접 운용)
수익 책임	고용주 부담	운용 성과에 따라 근로자 부담
수령 형태	일시금 또는 연금	일시금 또는 연금

3층연금 여유로운 생활을 보장하는 개인연금

개인연금은 말 그대로 개인이 자발적으로 가입하여 노후를 대비하는 연금이다. 은행이나 보험사 등 여러 금융기관을 통해 다양한 상품에 가입할 수 있고, 대표적인 선택지로는 IRP, 연금저축, 연금보험이 있다.

은퇴 후 여유로운 생활을 계획할 수 있도록 도와주는 개인연금은 자발적으로 가입하는 만큼 저축 금액과 납입 주기 또한 개개인의 재정 상황에 맞춰 자유롭게 결정할 수 있다. 투자처 또한 다양하여 주식, 채권 등 여러 자산에 분산 투자할 수 있고, 장기적으로 자금을 투자하면 복리 효과를 바탕으로 자산 증가를 노려볼 수 있다.

국가에서는 저축을 장려하기 위해 개인연금 가입 시 세금 혜택을 제공한다. 연금저축계좌를 활용할 경우 소득수준과 저축 금액에 따라 연말정산 시 세금 공제 혜택을 받을 수 있고, 연금보험에 가입하면 관련 세법에서 정한 기준을 충족할 경우 추후 연금을 수령할 때 세금을 면제받을 수 있다.

통계청 통계에 따르면 우리나라는 2025년부터 65세 이상 인구의 비율이 20%를 초과하는 초고령사회로 진입하였다. 평균 수명이 늘고, 고령인구 부양 부담이 증가한 지금, 연금 지급 기간과 금액도 늘어나야 노후에 안정적인 생활을 누릴 수 있다.

공적 연금만으로는 은퇴 후 생활비를 충분히 확보하기 어려운 만큼 은퇴 준비의 필수 요소가 된 개인연금이다. 3층 연금이 서로 보완 작용하여 노후 소득을 더욱 안정적으로 확보할 수 있도록 지금부터 체계적인 연금 계획을 세우는 것이 필요하다.

PART 3
연금을 보험으로 준비해야 하는 세 가지 핵심 이유

현재 우리나라는 급속한 고령화 사회로 진입하고 있다. 의료기술의 발전과 생활수준 향상으로 평균수명이 지속적으로 연장되면서, 이제는 100 세 시대를 넘어 120 세 시대까지 논의되고 있는 상황이다. 이러한 장수 리스크 앞에서 많은 분들이 다양한 연금 상품 중에서 어떤 것을 선택해야 할지 고민하고 있을 것이다.

시장에는 수많은 절세 상품과 연금 상품들이 출시되어 있지만, 보험·연금 전문가로서 많은 분들의 노후설계를 도와온 경험을 바탕으로 말하면, 연금보험상품이야말로 진정한 노후 준비의 핵심이다. 그 이유를 세 가지 핵심 포인트로 나누어 상세히 설명하겠다.

[평균수명 증가와 장수 리스크]

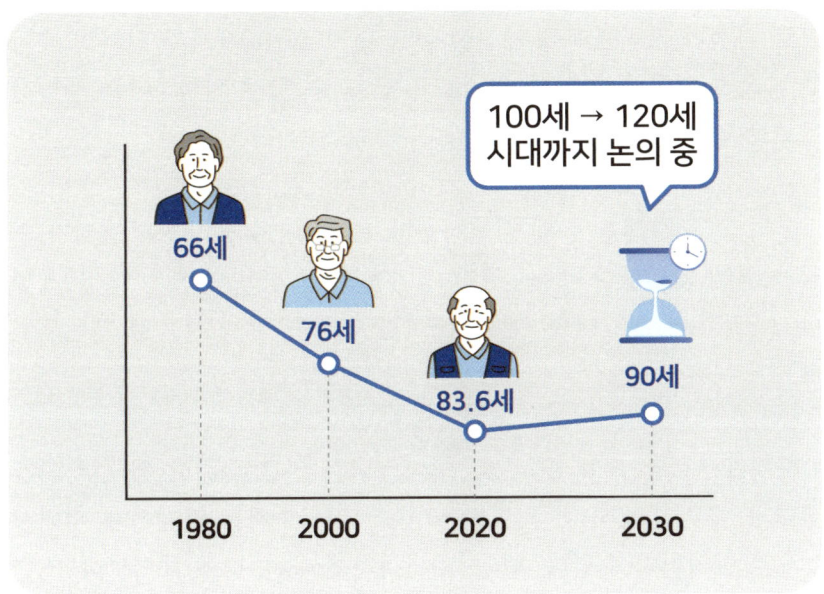

첫 번째 이유: 경험 생명표 가입 시점 적용의 놀라운 효과

연금 보험의 가장 큰 장점 중 하나는 바로 경험 생명표 가입 시점 적용 원칙이다. 현재 우리나라는 10차 경험 생명표를 사용하고 있으며, 이 생명표는 3~5년마다 정기적으로 개정된다. 경험 생명표는 현재 시점에서의 평균 수명을 기준으로 산출되는데, 여기에 연금 보험만의 독특한 메커니즘이 숨어있다.

연금 보험에 가입하면, 그 시점의 경험 생명표가 평생 적용된다. 이것이 왜 중요한지 구체적인 예시로 설명하겠다.

현재 평균 수명이 85세라고 가정해보자. 65세에 연금 수령을 시작한다면, 보험 회사는 20년간(65세~85세) 연금을 지급할 것으로 계산하여 상품을 설계한다. 하지만 실제로는 의료 과학 기술의 발전으로 100세, 심지어 그 이상까지 살게 될 가능성이 높다.

여기서 놀라운 일이 벌어진다. 보험 회사는 이미 85세까지만 살 것으로 가정하고 연금액을 계산했지만, 실제로 100세까지 산다면 추가 15년간의 연금을 동일한 금액으로 받을 수 있게 된다. 이는 사실상 무료로 얻는 보너스와 같은 효과이다.

실제 고객 사례를 통해 설명하겠다. 2010년에 55세였던 A씨가 연금 보험에 가입했다. 당시 경험 생명표 기준 평균 수명은 약 80세였다. 65세부터 월 200만 원씩 15년간 연금을 받을 것으로 계산되었다.

하지만 A씨는 현재 69세로, 이미 4년간 연금을 받고 있으며 건강 상태가 매우 양호하다. 의료진은 최소 90세까지는 건강하게 지내실 것으로 예상한다고 한다. 만약 90세까지 산다면, 당초 계획보다 10년 더 연금을 받게 되어 추가로 2억 4천만 원의 혜택을 보게 된다.

통계청 자료에 따르면, 2030년에는 평균 수명이 90세를 넘어설 것으로 예상된다. 하지만 현재 가입하는 연금 보험은 여전히 현재의 경험 생명표를 적용받는다. 즉, 미래의 장수 혜택을 현재 가격으로 미리 확보하는 셈이다.

이러한 경험 생명표의 가입 시점 적용 원칙은 100세 시대를 살아갈 우리에게 있어서 가장 확실한 장수 리스크 헤지 수단이다. 평균 수명이 늘어날수록 연금 보험 가입자는 더 많은 혜택을 받게 되는 구조이기 때문이다.

두 번째 이유: 보증 옵션의 혁신적 진화

과거 보증 옵션은 변액 보험의 전유물이었다. 하지만 최근 보험 시장의 혁신으로 인해 일반 금리형 연금 보험 상품에도 다양한 보증 옵션이 도입되고 있다. 이는 연금 준비에 있어서 게임 체인저라고 할 수 있다.

보증 옵션의 도입으로 연금 보험은 안전성과 수익성이라는 두 마리 토끼를 모두 잡을 수 있게 되었다. 과거에는 안전을 택하면 수익률을 포기해야 했고, 수익률을 추구하면 원금 손실의 위험을 감수해야 했다. 하지만 이제는 다양한 보증 옵션을 통해 이러한 딜레마를 해결할 수 있다.

다양한 보증 옵션의 종류와 활용법
1. 최저 금리 보증 옵션
이 옵션은 시장 금리가 하락하더라도 약정된 최저 금리를 보장해주는 옵션이다. 예를 들어, 최저 금리 3%가 보장된 상품에 가입했다면, 시중 금리가 1%로 떨어져도 연금 적립금은 최소 3%의 수익률을 보장받는다.

실제로 2020년 코로나19 이후 전 세계적으로 저금리 기조가 지속되고 있지만, 최저 금리 보증 옵션을 보유한 고객들은 안정적인 수익률을 유지하고 있다. 이는 장기간에 걸친 연금 적립에서 복리 효과를 안정적으로 누릴 수 있게 해주는 중요한 장치이다.

2. 최저 연금액 보증 옵션

이는 연금 개시 시점에서 시장 상황이 좋지 않더라도, 약정된 최저 연금액을 보장해주는 옵션이다. 예를 들어, 월 150만 원의 최저 연금액이 보장된 상품이라면, 적립금 운용 실적이 좋지 않아도 최소한 월 150만 원은 연금으로 받을 수 있다.

이 옵션의 진정한 가치는 은퇴 시점의 불확실성을 제거해준다는 점이다. 연금 개시 시점에 주식시장이 폭락하거나 금리가 급락하더라도, 계획했던 노후 생활비는 확보할 수 있다는 안정감을 제공한다.

3. 최저 적립금 보증 옵션

이 옵션은 연금 개시 전까지 적립한 원금을 100% 보장해주는 옵션이다. 운용 실적이 좋지 않아 손실이 발생하더라도 원금만큼은 반드시 보전된다.

특히 변동성이 큰 시장 환경에서 장기간 적립해야 하는 연금의 특성상, 원금 보전은 매우 중요한 요소이다. 이 옵션을 통해 공격적인 투자 전략을 구사하면서도 최악의 시나리오에 대한 방어막을 구축할 수 있다.

[보증옵션별 핵심 기능]

옵션	핵심 내용	효과
최저금리보증옵션	금리 1%여도 3% 보장	수익률 하락 방어
최저연금액보증옵션	시장 폭락에도 150만 원 보장	노후소득 안정
최저적립금보증옵션	원금 100% 보장	투자 손실 보호

보증 옵션 활용 전략

보증 옵션 활용 전략은 연령대별로 차별화되어야 한다. 젊은 층인 30~40대의 경우 최저 금리 보증 옵션과 적극적 운용을 결합하는 전략이 가장 효과적이다. 이들은 장기간 적립하므로 복리 효과를 극대화하면서도 최저 수익률은 보장받을 수 있는 장점이 있다. 젊은 나이에는 시간이 충분하므로 일시적인 손실도 회복할 수 있지만, 최저 금리 보증을 통해 하방 리스크를 제한하는 것이 중요하다.

중년층인 50대는 최저 연금액 보증 옵션을 중심으로 한 전략이 적합하다. 연금 개시가 가까우므로 확실한 연금액을 보장받는 것이 무엇보다 중요하다. 이 시기에는 수익률보다는 안정성에 더 무게를 두어야 하며, 최저 연금액 보증을 통해 예상 노후 생활비를 확실히 확보하는 전략이 바람직하다.

준고령층인 60대는 최저 적립금 보증 옵션과 보수적 운용을 결합한 전략이 필요하다. 원금 보전을 최우선으로 하면서 안정적인 연금을 준비하는 것이 핵심이다. 이미 은퇴가 임박했거나 시작된 상황에서는 손실을 감수할 여유가 없으므로, 원금 보장이 가장 중요한 요소가 된다.

세 번째 이유: 연금 보험의 강력한 비과세 혜택
2017년 개정된 비과세 저축 보험의 현재

2017년 세법 개정으로 비과세 저축 보험의 한도가 조정되었지만, 여전히 다른 금융 상품 대비 월등한 비과세 혜택을 제공한다. 월 적립식의 경우 연간 1,800만 원 한도가 적용되며, 일시납의 경우에는 1억 원 한도가 설정되어 있다. 이는 여전히 다른 금융 상품들과 비교했을 때 상당히 높은 수준의 비과세 혜택이다. 특히 고소득자들에게는 세금 절약 효과가 매우 크다.

종신형 연금의 무제한 비과세 혜택

하지만 진짜 핵심은 여기서부터이다. 종신형 연금을 선택할 경우 비과세 한도에 제한이 없다는 점이 연금 보험만의 독점적 혜택이라고 할 수 있다. 구체적으로 설명하면, 연금 보험 상품에서 발생한 모든 수익을 종신형 연금으로 수령하면 세금 없이 연금을 받을 수 있다. 이는 다른 어떤 금융 상품도 제공하지 못하는 독특한 혜택이다.

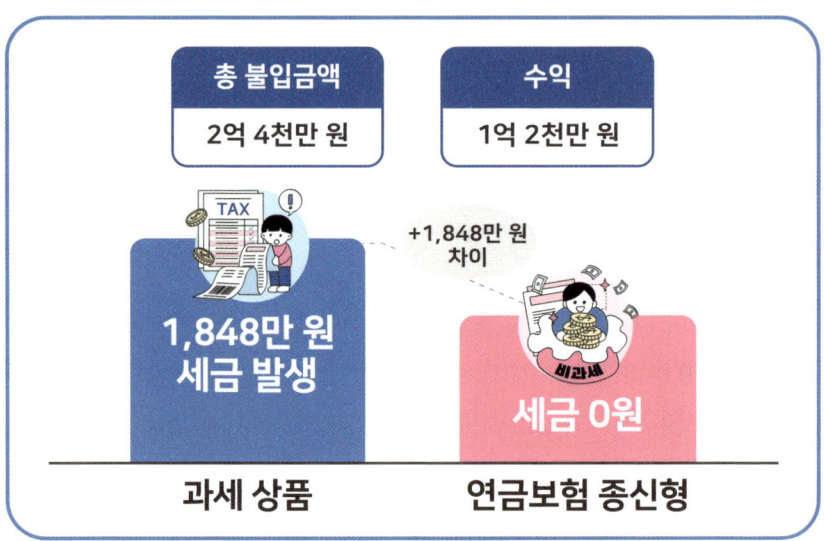

[종신형 연금의 비과세 혜택 시뮬레이션]

이러한 비과세 혜택은 단순히 세금을 아끼는 차원을 넘어서, 실질적인 노후 소득을 극대화하는 효과를 가져온다. 세후 소득 기준으로 보면 연금 보험의 실질 수익률은 다른 과세 상품들보다 훨씬 높아진다.

실제 사례로 비과세 효과를 계산해보면 그 차이가 명확히 드러난다. B씨가 20년간 매월 100만 원씩 연금 보험에 적립했다고 가정하자. 총 불입 보험료는 2억 4천만 원이고, 연 4%의 복리 효과로 적립금이 3억 6천만 원이 되었다면 수익금은 1억 2천만 원이다.

만약 일반 금융 상품이라면 이 수익금에 대해 약 15.4%의 세금(소득세 + 지방 소득세)을 내야 하므로, 약 1,848만 원의 세금을 납부해야 한다. 하지만 연금 보험에서 종신형 연금으로 수령하면 이 세금을 전액 면제받을 수 있다. 20년간 매월 150만 원씩 연금을 받으면서도 세금은 한 푼도 내지 않게 되는 것이다.

이러한 비과세 효과는 시간이 갈수록 더욱 커진다. 연금 수령 기간이 길어질수록, 그리고 수익률이 높을수록 비과세로 인한 절세 효과는 기하급수적으로 증가한다.

저자는 수많은 고객들의 노후 설계를 도와오면서 확신하게 된 것은, 연금 보험이야말로 진정한 의미의 노후 준비 수단이라는 점이다. 단순히 돈을 모으는 것이 아니라, 평생에 걸쳐 안정적인 현금 흐름을 만들어주는 것이 연금 보험의 진정한 가치이다.

특히 한국 사회가 급속히 고령화되고 있는 현재 상황에서, 연금 보험의 중요성은 더욱 커지고 있다. 국민연금만으로는 충분한 노후 자금을 확보하기 어려운 상황에서, 연금 보험은 든든한 노후의 버팀목 역할을 할 수 있다.

100세 시대, 우리의 노후는 어떻게 준비해야 할까. 답은 명확하다. 경험 생명표의 가입 시점 적용, 다양한 보증 옵션, 그리고 강력한 비과세 혜택을 제공하는 연금 보험을 통해 확실하고 안전한 미래를 설계하는 것이다. 지금이라도 늦지 않았다. 연금 보험을 통해 여유롭고 안정적인 노후를 준비해보자.

PART 4
개인연금 달러연금보험과 변액연금보험 활용

앞서 보험을 연금으로 준비해야 하는 이유를 자세히 설명하였다. 개인연금 시장에서 달러연금보험과 변액연금보험이 주목받는 이유는 보험으로써 경험생명표 가입시점 적용과 비과세한도의 세제혜택이 있지만 수익률 추구라는 세 마리 토끼를 동시에 잡을 수 있는 상품이기 때문이다.

달러연금보험이 왜 좋을까?

달러연금보험의 가장 큰 특징은 적립금이 달러로 적립된다는 점이다. 이는 단순한 외화 투자를 넘어서 여러 층위의 혜택을 제공한다.

[달러연금보험의 수익 구조와 환율 효과]

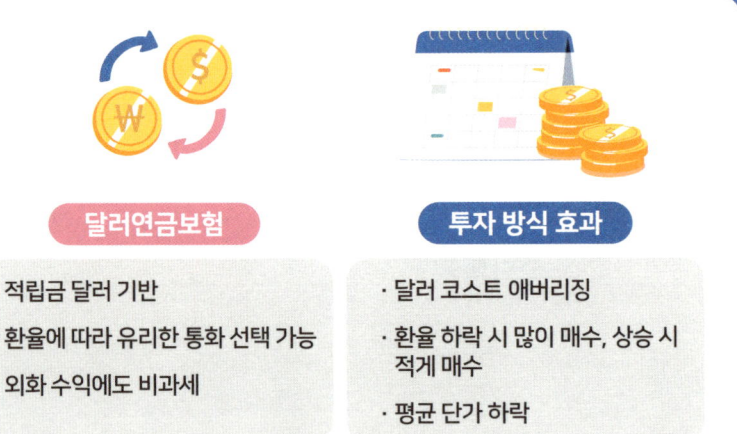

우선 연금 수령 시점에서 달러와 원화 중 유리한 통화를 선택할 수 있는 옵션이 제공된다. 이러한 통화 선택권은 환율 변동에 따른 추가 수익 기회를 제공하며, 더욱 중요한 것은 외화로 인한 추가 수익에 대해서도 비과세 혜택이 적용된다는 점이다.

달러 환율의 변동 패턴을 살펴보면 주기적인 특성을 보인다. 역사적으로 1,100원에서 1,450원 선에서 순환하는 모습을 보여왔으며, 이러한 주기성은 달러연금보험의 투자 효과를 극대화할 수 있는 근거가 된다. 적립식 투자 방식을 통해 달러를 매월 또는 매년 일정 금액씩 매수하게 되면, 자연스럽게 달러 코스트 애버리징(Dollar Cost Averaging) 효과가 발생한다.

코스트 애버리징 효과는 환율이 높을 때는 적은 달러를 매수하고, 환율이 낮을 때는 많은 달러를 매수하게 되어 평균 매수 단가를 낮추는 효과를 가져온다. 이는 장기적으로 안정적인 수익률을 추구할 수 있게 해주며, 환율 변동성을 오히려 수익 창출의 기회로 활용할 수 있게 한다. 특히 20년, 30년의 장기 적립 기간을 고려할 때, 이러한 효과는 더욱 극대화될 수 있다.

변액연금보험이 왜 좋을까?

변액연금보험의 가장 혁신적인 특징은 GMAB(Guaranteed Minimum Accumulation Benefit), 즉 최저적립금 보증옵션이다. 이는 변액보험의 투자 위험과 연금보험의 안정성을 절묘하게 결합한 상품 설계의 결과물이다. GMAB는 펀드 투자 성과와 무관하게 연금 수령 시점에 원금을 보장해주는 보증 장치이다.

이 보증 옵션의 가치는 시장 상황에 따라 더욱 부각된다. 금융시장의 변동성이 클수록, 그리고 연금 수령 시점이 시장 하락기와 겹칠 위험이 클수록 GMAB의 가치는 증대된다. 투자자는 공격적인 포트폴리오를 구성하여 높은 수익률을 추구하면서도, 최악의 경우 원금만큼은 확실히 보장받을 수 있다는 안심감을 가질 수 있다.

특히 연금 수령 직전 시점에서의 시장 충격은 연금 생활 전반에 치명적인 영향을 미칠 수 있는데, GMAB는 이러한 시퀀스 리스크(Sequence Risk)로부터 가입자를 보호하는 역할을 한다. 동시에 시장이 좋을 때는 펀드 수익률을 그대로 향유할 수 있어, 안정성과 수익성을 동시에 추구할 수 있는 구조이다.

[변액연금보험의 GMAB 구조]

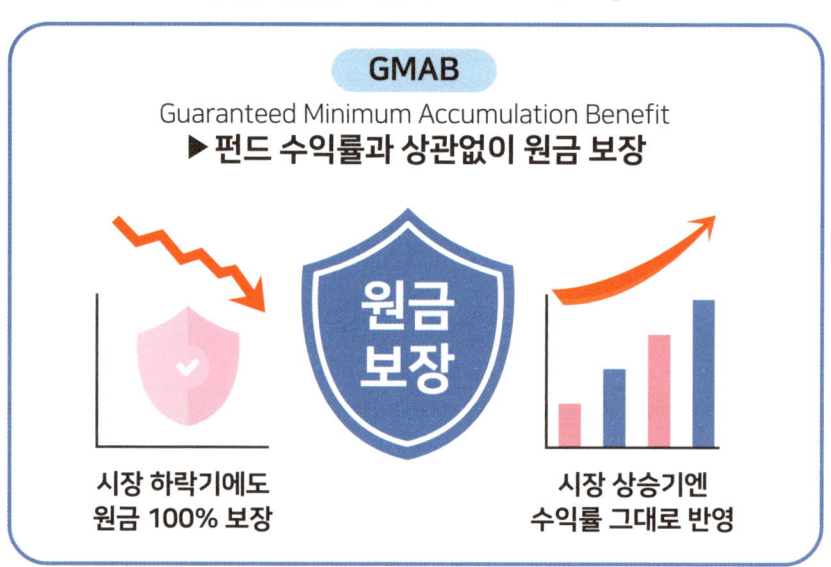

달러연금보험과 변액연금보험은 각각 다른 위험 특성을 가지고 있어 포트폴리오 다각화 관점에서도 매우 유용하다. 달러연금보험은 통화 다각화와 환율 수익을 통한 인플레이션 헤지 효과를, 변액연금보험은 주식시장 참여를 통한 성장성과 GMAB를 통한 안정성을 제공한다.

두 상품을 적절히 조합하면 환율 리스크, 시장 리스크, 인플레이션 리스크를 분산시키면서도 각각의 장점을 극대화할 수 있다. 달러연금보험과 변액연금보험은 단순한 노후 대비 상품을 넘어서, 세제 혜택, 수익률 추구, 위험 관리라는 개인연금의 핵심 요소를 모두 충족시키는 전략적 금융상품이다.

경험생명표 가입시점 적용과 종신형 연금의 비과세 혜택을 잘 활용하면서 수익률 추구 전략을 하게 되면 견고한 은퇴설계가 가능해진다. 따라서 개인연금을 준비하는 모든 이들에게 이 두 상품에 대한 충분한 이해와 전략적 활용을 권장한다. 물론 개인의 위험성향, 자산 상황, 은퇴 계획 등을 종합적으로 고려한 맞춤형 설계가 전제되어야 함은 고려해야 한다.

PART 5
7%, 8% 연금상품 중 괜찮은 연금상품 고르는 방법

노후 대비의 중요성이 커지는 요즘, 많은 사람들이 높은 이율의 연금상품에 관심을 갖고 있다. 특히 연단리 7% 또는 8%를 보장하는 연금보험은 눈에 띄는 수익률로 인해 주목받고 있으며, 이러한 상품을 어떻게 골라야 할지에 대한 문의도 증가하고 있다.

단순히 이율만 보고 연금보험을 선택하는 것은 위험한 접근이다. 진짜 좋은 연금상품을 고르기 위해서는 이율 외에도 반드시 확인해야 할 중요한 요소들이 있기 때문이다. 다음은 괜찮은 연금상품을 고르는 데 있어 꼭 확인해야 할 핵심 기준들이다.

1. 단순 '이율'이 아닌 '지급률'을 함께 확인해야 한다

연금보험에서 이율은 매우 중요한 요소이다. 연단리 7%, 8%라는 수치는 동일한 납입 기간과 금액으로도 훨씬 더 많은 원리금을 만들 수 있음을 의미한다. 하지만 실제 수령액을 결정짓는 핵심은 바로 연금 지급률이다. 연금 지급률은 쌓인 원금과 이자를 연금으로 전환할 때 연 단위로 얼마를 수령할 수 있는지를 결정하는 비율이다. 예를 들어, 원금과 이자를 포함한 총 자산이 1억 원이고 연금 지급률이 6%라면 연 600만 원을 수령할 수 있다. 하지만 지급률이 5%라면 연 500만 원으로 줄어든다. 동일한 적립액이라도 지급률이 1%포인트 차이만 나도 실제 연금액은 큰 차이가 발생한다. 따라서 연금상품을 고를 때는 '최저 보증 이율'과 함께 연금 지급률도 반드시 확인해야 한다.

2. 이율 적용 기간과 방식도 꼼꼼히 살펴야 한다

연단리 7% 또는 8%가 보장된다고 해도, 그 이율이 몇 년간 적용되는지 또는 복리인지 단리인지, 해당 이율이 이후 어떻게 변경되는지 등의 조건을 정확히 확인해야 한다. 일부 상품은 초반 10~20년간만 높은 이율을 제공하고 이후에는 낮은 이율로 떨어지는 구조를 갖고 있다. 또한 단리 방식과 복리 방식에 따라 최종 누적 원리금에 큰 차이가 생긴다. 이율 구조를 잘못 이해하고 가입하면 기대보다 낮은 연금액을 받게 될 수 있으므로, 이율 적용 방식과 기간을 반드시 체크해야 한다.

[이율 적용 구조 체크리스트]

- ☑ 초기 고이율 적용 기간만 보고 가입하지 않기
- ☑ 이후 낮은 이율로 전환되는지 확인
- ☑ 단리인지 복리인지 반드시 구분
- ☑ 고이율 보장 기간이 명확히 명시되어 있는지 확인

3. 납입 기간과 연금 개시 시점을 나에게 맞춰야 한다

　납입 기간은 길수록 원금이 많이 쌓이고, 이율 적용 기간도 길어지기 때문에 총 적립금이 증가한다. 그러나 너무 긴 기간은 중도 해지 시 손해가 발생할 수 있다. 반면, 너무 짧은 기간으로 설정하면 납입 부담이 커져 유지가 어려워질 수 있다. 연금 개시 시점 또한 중요하다. 일반적으로 65세 개시가 많지만, 필요에 따라 60세 혹은 70세로 연기할 수도 있다. 개시 시점이 늦어질수록 연금 지급률이 높아지는 구조이기 때문에 수령 계획에 따라 유동적으로 선택하는 것이 좋다.

4. 지급률 이외 다른 옵션도 확인해야 한다

　연금보험 상품은 말 그대로 연금이면서 보험상품이다. 보험의 기능이 추가된 장점이 있다. 이 부분을 최대한 활용하면 좋다. 연금을 수령하다 중도에 사망할 경우, 또는 연금을 납입하는 기간 중 사망하는 경우 남은 적립금 또는 사망 적립액을 어떤 방식으로 유가족에게 지급하는지도 중요한 판단 기준이다. 일부 상품은 '원금만 보장'하는 방식이고, 일부는 '원금+이자 기준에서 남은 금액' 또는 정해진 보장금액을 지급하는 상품도 있다. 보장 기준이 다르면 동일한 납입 조건에서도 유가족이 수령하는 금액에 큰 차이가 발생할 수 있다. 특히 유족 보장을 중요하게 생각하는 경우, 사망 시점 이후 잔여금 지급 방식을 반드시 확인해야 한다.

5. 가입 전 회사별 상품을 비교 분석해야 한다

7% 또는 8%의 이율을 제공한다고 해도, 보험사마다 납입 조건, 지급 방식, 연금 지급률, 비과세 적용 조건 등이 다르다. 같은 이율이라도 실제 연금 수령액이 다르고, 유동성 확보나 유연한 설계가 어려울 수도 있다. 따라서 연금보험을 가입할 때는 복수의 보험사를 비교하고, 연금 지급률과 수령액을 시뮬레이션해 본 뒤 결정하는 것이 바람직하다.

[연금 설계 전 꼭 확인할 핵심 항목]

구분	확인 포인트	요약 체크 포인트
이율 구조	고정/변동, 단리/복리	구조 따라 수익률 차이 발생
연금지급률	연금 전환 시 지급 비율	지급률 1% 차이로도 수령액 크게 차이
사망 보장	사망 시 잔여금 지급 방식	유족 수령 가능 금액 기준 반드시 확인
비과세 여부	비과세 조건 및 한도	세금 여부에 따라 실수령액 달라짐

7% 또는 8%의 높은 이율을 제공하는 연금상품은 매우 매력적이다. 그러나 실제로 노후 생활을 안정적으로 보장받기 위해서는 단순히 이율만 볼 것이 아니라, 연금 지급률, 비과세 적용, 수령 시점, 사망 시 보장 방식 등 다양한 항목을 종합적으로 판단해야 한다. 노후는 길고, 연금은 매달 받는 중요한 소득원이 된다. 따라서 '얼마를 쌓느냐'보다 더 중요한 것은 '얼마를 어떻게 받느냐'이다. 좋은 연금상품은 높은 이율과 더불어, 효율적인 수령 구조와 유연한 조건을 함께 갖춘 상품이다. 지금 이 순간이 가장 젊고, 보험료 부담도 적을 수 있는 시기이므로 늦지 않게 시작하는 것이 결국 노후를 준비하는 가장 현명한 방법이다.

PART 6
월 300만 원 연금 수령을 위한 목표 자산 및 수익률 달성 전략

노후를 준비하는 데 있어 가장 현실적이고 구체적인 질문은 '매달 얼마를 수령할 것인가'이다. 이에 따라 설정된 연금 수령 목표 금액은 전체 은퇴 재무 설계의 방향성을 결정짓는 핵심 변수이다. 본 글에서는 연금 목표 수령액을 월 300만 원으로 설정했을 경우, 필요한 총 연금 자산 규모를 산정하고, 이를 달성하기 위한 수익률 설정 및 실행 전략을 체계적으로 설명하고자 한다.

'매달 연금으로 300만 원을 받는다면 얼마나 좋을까'라는 이야기를 흔히 한다. 2025년 기준으로 볼 때 월 300만 원은 결코 적은 금액이 아니며, 이는 2023년 대졸 신입사원의 희망 연봉 수준과도 비슷한 수준이다.

하지만 이 300만 원이라는 금액은 현재 기준에서 의미가 있는 것이지, 30년 뒤에는 물가 상승으로 인해 그 가치가 떨어질 수밖에 없다. 지금의 300만 원과 미래의 300만 원은 체감 가치가 전혀 다르다는 점을 반드시 인식해야 한다.

그럼에도 불구하고, 매달 300만 원을 종신연금형으로 받는다는 것은, 즉 죽을 때까지 일정한 금액의 연금을 꾸준히 수령한다는 것은 매우 안정적인 노후 재정 기반이 되는 일이다. 이는 단순히 금액의 많고 적음을 떠나 은퇴 이후의 삶을 지탱해 줄 중요한 수단이 되는 것이다. 누군가는 이보다 더 많은 금액을 원할 수 있으며, 반대로 이보다 적은 금액으로도 충분하다고 느낄 수 있다. 중요한 것은 개인이 원하는 은퇴 생활을 위해 어느 정도의 연금이 필요한지를 설정하고, 그 목표를 이루기 위해 어떤 준비를 해야 하는지를 아는 것이다.

이제, 매달 300만 원의 연금을 수령하기 위해 어떤 준비가 필요한지 구체적으로 알아보자.

연금 목표 금액 산정 - 월 300만 원 기준

연금 수령 목표 금액이 월 300만 원일 경우, 이를 연간 단위로 환산하면 연 3,600만 원이다. 이 금액을 기준으로 설정된 노후 생활 기간(은퇴 후 기대 수명)에 따라 필요한 총 연금 자산이 결정된다.

은퇴 후 매달 300만 원의 연금을 받기 위해 필요한 자산은 계산 방식에 따라 달라진다. 대표적으로 세 가지 접근 방식이 있다.

첫째, 단순 합산법이다. 수익 없이 자산을 그대로 인출한다고 가정할 경우, 연 3,600만 원 × 20년 = 약 7억 2,000만 원이 필요하다.

둘째, 복리 수익 반영 방식이다. 자산이 연 4% 수익률로 운용되며 20년간 균등 인출된다고 가정하면, 약 4억 8,900만 원이면 충분하다.

셋째, 수령 기간을 30년으로 확장할 경우, 동일한 수익률을 가정하면 약 6억 2,000만 원이 필요하다.

이처럼 연금 설계에는 다양한 변수가 작용한다. 특히 운용 수익률을 높이고 수령 기간을 줄일수록 필요한 은퇴 자금은 줄어든다. 반대로, 수명이 길어지고 수익률이 낮을수록 더 많은 자산을 준비해야 한다.

(1) 단순 합산법 (운용 수익률 0% 가정 시)

항목	내용
수령 기간	20년
연 수익률	0%
연간 수령액	3,600만 원
필요 자산	7억 2,000만 원
비고	수익 없이 단순 인출

 이는 연금 자산이 별도의 수익 없이 그대로 소비된다고 가정한 금액이다. 실물 자산만 보유하거나 초저위험 상품에만 투자할 경우에 참고할 수 있는 방식이다.

(2) 복리 수익률 반영 (연 수익률 4%, 수령 기간 20년)
 운용 수익을 감안한 연금 자산 계산에는 다음의 연금 현재 가치 공식이 사용된다.

필요 원금
$$= 연간\ 수령금 \times \frac{1-(1+r)^{-n}}{r}$$

- r = 연평균 수익률 (4% = 0.04)
- n = 연금 수령 기간 (20년)
- 연간 수령금 = 3,600만 원

항목	내용
수령 기간	20년
연 수익률	4%
연간 수령액	3,600만 원
필요 자산	약 4억 8,900만 원
비고	연금 현재 가치 공식 적용

계산 결과:

필요 자산 ≈ 3,600만 원 × 13.59 ≈ 약 4억 8,900만 원

이는 연금 자산이 일정 수준으로 운용 수익을 내면서, 20년간 일정 금액을 균등 인출한다고 가정한 수치이다. 수익률이 복리로 누적되기 때문에 단순 합산보다 훨씬 적은 자금으로 동일한 연금 수령이 가능하다.

(3) 수령 기간 30년으로 확장 시

항목	내용
수령 기간	30년
연 수익률	4%
연간 수령액	3,600만 원
필요 자산	약 6억 2,000만 원
비고	장수 리스크 반영

퇴직 연령이 빨라지거나, 수명이 길어질수록 준비해야 할 자산 규모는 커지며, 이는 연금 설계에서 반드시 고려되어야 할 변수이다.

공적연금 최대한 활용하기_ 국민연금 수령분 고려

연금을 계산할 때 가장 먼저 고려해야 할 부분은 국민연금이다. 국민연금은 대한민국 국민이라면 대부분 가입되어 있는 기초적인 노후 소득 보장 제도로, 은퇴 후 최소한의 생활을 유지하는 데 중요한 역할을 한다.

예상 수령액은 국민연금공단 홈페이지 또는 '내 연금조회' 서비스를 통해 확인할 수 있으며, 자신의 가입 기간과 납입 금액에 따라 구체적

인 수령액을 미리 확인할 수 있다.

일각에서는 국민연금의 기금이 고갈될 수 있다는 우려의 목소리도 있지만, 국민연금은 국가가 책임지는 사회 보장 제도로서, 단기간에 사라지거나 지급이 중단될 가능성은 낮다. 제도 개편이 있을 수는 있어도, 이미 가입자와 수급자에게 약속된 기본적인 연금 지급 자체가 무너지지는 않을 것으로 보는 것이 현실적이다.

퇴직연금에 가입되어 있다면, 연금 준비 시 퇴직연금 수령 예정액도 함께 확인하여 전체 연금 목표 금액에서 차감하는 방식으로 계산하는 것이 바람직하다.

퇴직연금은 금융감독원이 운영하는 통합연금포털 (https://100lifeplan.fss.or.kr)의 '내연금조회' 서비스를 통해 확인할 수 있다. 해당 사이트에 접속한 뒤 본인 인증을 완료하면, 자신이 가입한 퇴직연금의 금융회사명, 연금 상품명, 적립 금액 등을 한눈에 확인할 수 있다.

국민연금, 퇴직연금 예상 수령액 예시:
● 국민연금 월 100만 원 수령 예정
● 퇴직연금 예상 수령액 월 50만 원
  → 합산 월 150만 원 확보 → 부족분 월 150만 원
이 경우 실제 개인이 준비해야 할 자산은 위 공식의 절반 수준인 약 2억 4,000만 원(수익률 4%, 20년 기준)이 된다.

수익률 설정 전략

연금 목표를 달성하기 위해서는 시장 평균과 실현 가능성을 고려한 현실적인 목표 수익률을 설정하는 것이 중요하다. 수익률을 높일수록

위험 부담은 커지지만, 목표 연금액에 도달하는 속도는 빨라진다. 반대로 안정적인 저수익 자산으로 운용할 경우 위험은 낮아지지만, 목표 금액 달성을 위해 더 긴 월 납입 기간과 불입 기간이 필요하다.

따라서 자신의 투자 성향과 리스크 허용 범위를 명확히 파악하고, 위험과 수익률의 균형을 맞춘 전략을 세우는 것이 무엇보다 중요하다. 이는 단순한 수익률 수치가 아닌, 은퇴 후의 생활 안정성 전반을 좌우하는 핵심 요소이기 때문이다.

- 연 3~4%: 안정적인 채권·혼합형 상품 위주
- 연 5~6%: 주식형 펀드, ETF, TDF 상품 활용
- 6% 이상: 고위험·고수익 투자로 장기적 수익률 변동성 존재

위험 부담은 커지지만, 목표 연금액에 도달하는 속도는 빨라진다. 반대로 안정적인 저수익 자산으로 운용할 경우 위험은 낮아지지만, 목표 금액 달성을 위해 더 긴 월 납입 기간과 불입 기간이 필요하다.

특히 연금계좌 내 자산은 과세이연 혜택을 누릴 수 있으므로, 중위험~중수익 상품군으로 장기 복리 운용하는 것이 바람직하다.

[수령 기간 및 수익률별 필요 자산]

월 수령액	수령 기간	수익률	필요 자산
300만 원	20년	0%	7억 2,000만 원
300만 원	20년	4%	4억 8,900만 원
300만 원	30년	4%	6억 2,000만 원

성공적인 은퇴 설계를 위한 실천 전략

성공적인 연금 설계를 위해 가장 기본이자 핵심이 되는 원칙은 불입을 최대한 길게, 그리고 꾸준하게 유지하는 것이다. 연금은 단기간의 이익을 목표로 하는 상품이 아니라, 장기간에 걸쳐 안정적인 수익과 복리의 효과를 누리는 구조이기 때문에 시간이 곧 자산이 되는 대표적인 재무 설계 방식이다.

또한 앞서 설명한 수익률뿐만 아니라, 반드시 세금 절세 효과까지 함께 고려해야 한다. 동일한 수익률을 기대하더라도 비과세 혜택이 적용되는 연금보험, 혹은 세액 공제를 받을 수 있는 연금저축처럼 세제 혜택이 있는 상품을 선택하는 것이 장기적으로 유리하다.

성공적인 연금 설계를 위해서는 단순한 투자보다 더 정교한 전략이 요구되며, 장기간의 꾸준한 납입, 기대 수익률, 세제 혜택까지 함께 설계해야 성공적인 노후 재무 준비가 가능하다.

(1) 장기 자동 저축 시스템 구축

항목	내용
자동이체 설정	연금저축계좌 또는 IRP 계좌 활용
불입 관리	소득 증가 시 납입액 증액으로 조정
목표	자산 형성의 시간 확보 및 복리 효과 극대화

(2) 자산 배분 및 분산 투자

항목	내용
분산 상품	국내외 주식형 ETF, 채권형 펀드, TDF 등
자동 운용	디폴트 옵션 제도 활용
기준 참고	국민연금 자산 비중: 주식 55%, 채권 30%, 대체 15%

(3) 절세형 계좌 적극 활용

항목	내용
연금저축	연 600만 원 한도, 최대 99만 원 세액 공제
IRP	연 700만 원 까지(연금 저축과 합산 시 최대 900만 원)
ISA	연간 비과세 한도 및 분리 과세 적용
변액연금	연 1,800만 원 한도, 일시납 1억, 이자 소득세 비과세

(4) 정기 점검 및 리밸런싱

항목	내용
점검 주기	최소 6~12개월 단위 수익률 점검
리밸런싱	포트폴리오 재조정 및 자산 비중 조절
고려 변수	인플레이션, 의료비, 기대 수명 등 반영

이영직 전문가의 연금솔루션
나만의 연금 시나리오로 완성하는 월 300만 원 노후법!

이영직
- 와이제이컨설팅 대표
- 인카금융서비스 더채움본부
  수석팀장
- 퇴직연금 모집인 자격 보유
- 증권 및 펀드 투자권유대행인
  자격 보유
- 종합금융투자자산관리 자격 보유

    이영직 수석팀장은 노후 준비를 단순한 저축이 아닌, '어떻게, 어디에, 언제' 운용할 것인가라는 전략적 문제로 바라본다. 국민연금·퇴직연금·연금저축·ISA를 조합해 은퇴 후 안정적 현금흐름을 확보하는 방법을 연구하며, 세제 혜택과 투자 전략을 결합해 지속 가능한 연금 시나리오를 제시한다.

    퇴직연금 모집인, 증권 및 펀드 투자권유대행인, 종합금융투자자산관리 자격을 보유하고 있으며, 현재 인카금융서비스 더채움본부 수석팀장으로 활동 중이다. 그는 자산 배분과 정기적 리밸런싱을 통해 변동성 높은 시장에서도 결과를 관리할 수 있다는 신념으로, 실무와 현장에서 독자들에게 실행 가능한 연금 설계를 전하고 있다.

이 글을 시작하며

나만의 연금 준비 시나리오

노후 준비는 '얼마를 모을까'가 아니라, '어떻게, 어디에, 언제'라는 전략의 문제다. 시장과 개인 재정은 계속 변하므로, 연금 설계는 단발성 선택이 아니라 지속적인 관리가 필요하다.

이 글은 은퇴 후 월 300만 원의 현금흐름을 목표로 한다. 현재 자산과 수입·지출 구조를 점검하고, 은퇴 시점에 필요한 자산을 계산해 국민연금, 퇴직연금, 연금저축, ISA 등으로 전략적으로 배치한다.

국민연금은 실질 구매력을 방어하는 기본축이며, 사적연금은 세제 혜택과 유연성으로 이를 보완한다. 세액공제, 비과세 혜택은 소득과 인출 방식에 따라 조합해야 한다.

투자는 적립식 분산과 정기 리밸런싱이 핵심이다. 각 계좌는 절세·보장·운용 등 역할을 나눠 구성하고, 퇴직금도 연금화해 안정성을 높여야 한다.

시장은 예측할 수 없지만, 설계를 통해 결과를 바꿀 수 있다. 이 글은 반복 가능한 전략으로, 실행 중심의 연금 시나리오를 제시한다.

PART 1
은퇴 후 월 300만 원, 나만의 연금 준비 시나리오

나만의 연금 준비 시나리오

노후를 대비하기 위한 연금 준비는 단순히 매달 얼마를 모으겠다는 계획만으로는 부족하다. 개인의 재무 상태는 매년 달라지고, 자산 시장과 물가 역시 끊임없이 변동하기 때문이다. 따라서 지금의 재무 상태를 정확히 파악하고, 현실적인 은퇴 시기를 설정한 뒤, 자신에게 맞는 연금 상품을 선택하여 지속적으로 관리하는 것이 중요하다.

[노후 준비를 위한 재정 진단표]

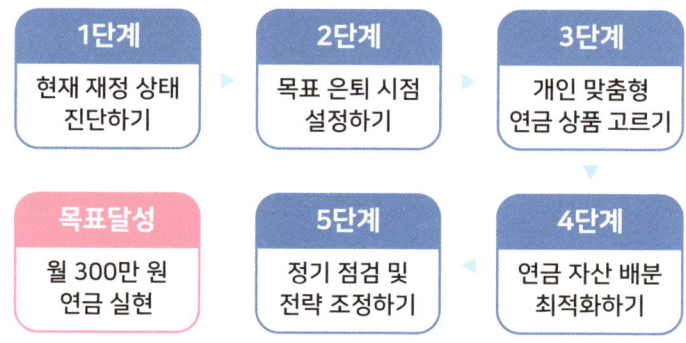

1단계. 나의 재무 상황 파악하기

은퇴 후 매월 300만 원의 연금을 목표로 한다면, 지금 나의 수입과 지출, 자산과 부채, 저축 현황 등을 종합적으로 진단하는 것이 선행되어야 한다. 단순히 공무원연금이나 국민연금 수령액을 기준으로 부족한 금액만 계산해 저축액을 산정하는 방식은 현실적인 변화를 반영하지 못한다.

 실제로 매년 수입의 변화, 자녀 교육비나 의료비 같은 일시적 지출, 물가 상승률 등 다양한 요인이 재무 상태에 영향을 미친다. 따라서 1년에 최소 한 번, 가능하다면 분기별로 재무 진단과 자산 리밸런싱을 진행하는 것이 바람직하다.

 이 과정에서는 총수입, 고정지출 및 변동지출, 저축률, 보유 자산과 부채의 구성, 순자산의 변동 등을 종합적으로 점검해야 한다. 마치 여행을 떠나기 전 지도를 확인하듯, 현재의 재정 상황을 꼼꼼히 분석해야만 향후의 계획이 현실적인 방향으로 나아갈 수 있다.

[연금 준비를 위한 재무 점검표]

항목	내용 예시	점검 포인트
수입	( )	월급, 부업 수익 등 모든 소득원을 빠짐없이 기록한다.
지출	( )	월세, 통신비, 대출 상환, 보험료 등 고정지출과 식비, 교육비 등 변동지출을 구분해 기록하여 소비 패턴을 분석한다.
저축	( )	매월 얼마를, 어떤 방식으로 저축하고 있는지 점검하고, 노후 대비를 위한 저축 가능 금액을 구체화한다.
자산	( )	부동산, 예금, 투자 자산 등 보유 중인 모든 자산 목록을 작성하고 현재 가치를 산정한다.
부채	( )	대출, 카드빚 등 모든 부채 항목을 정리해 잔액과 이자를 명확히 파악한다.
순자산	( )	총자산에서 총부채를 뺀 금액을 계산하고, 이 중에서 노후 재원으로 활용 가능한 순자산 규모를 가늠한다.

2단계. 은퇴 시기 결정하기

 재무 상태를 파악했다면, 이제 본격적으로 은퇴 시기를 정해야 한다. 은퇴 시점은 단순히 나이로 정해지는 것이 아니라, 보유 자산과 소득 수준, 건강 상태, 일의 지속 가능성 등 다양한 요소를 고려해야 한다. 그러나 무엇보다 중요한 것은 내가 원하는 은퇴 시기를 기준점으로 설정하는 것이다.

예를 들어, 60세에 은퇴를 희망한다면 현재 나이와 보유 자산을 바탕으로 향후 몇 년간 얼마를 저축해야 월 300만 원의 연금을 실현할 수 있을지를 계산해야 한다. 은퇴 시기는 연금 목표 금액과 직결되며, 이를 기준으로 준비 기간과 저축 금액, 투자 전략을 조정해야 한다. 은퇴 시점이 빠를수록 준비해야 할 자금 규모는 커지므로, 그에 맞는 현실적인 전략이 수반되어야 한다.

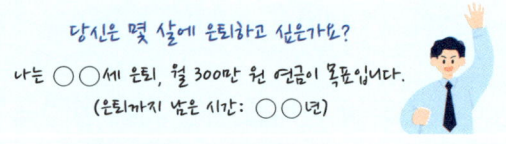

3단계. 나에게 맞는 연금 상품 선택하기

은퇴 시점을 정한 뒤에는 그 목표를 달성하기 위해 어떤 연금 상품을 활용할지를 결정해야 한다. 일반적으로 연금 상품은 국민연금, 퇴직연금(IRP), 연금저축, 변액연금보험, 그리고 ISA(개인종합자산관리계좌) 등으로 구분된다.

국민연금은 기본적인 노후 소득을 보장하는 공적 연금이며, 직장인의 경우 퇴직연금(IRP)도 함께 준비된다. 개인이 별도로 가입할 수 있는 연금저축은 세액공제 혜택이 크며, 특히 증권사의 연금저축펀드를 활용할 경우 장기 수익률 측면에서 유리하다. IRP 계좌도 증권사를 통해 운용하면 상품 선택의 폭이 넓고 수수료 측면에서도 효율적이다.

변액연금보험은 사적 연금 중에서도 투자 성과에 따라 수익이 결정되는 상품이다. 보험의 보장 기능과 펀드 운용 기능이 결합되어 있으며, 대부분의 상품은 일정 수준의 최저 연금 보증 옵션을 제공한다. 이는 시장 상황이 좋지 않더라도 최소한의 연금액을 확보할 수 있도록 하여, 안정성과 수익성을 동시에 추구할 수 있게 한다. 펀드 구성은 주식형, 채권형, 혼합형 등 다양하며, 가입자의 투자 성향에 따라 선택 가능하다.

ISA 계좌는 연금 상품과 연계하여 세제 혜택을 극대화할 수 있다. 중개형 ISA를 통해 다양한 금융 상품에 분산 투자한 후, 만기 시점에 연금 계좌로 이전함으로써 비과세 혜택과 연금저축의 세액공제를 모두 활용할 수 있다.

국민연금으로 월 100만 원을 수령하려면?

노후소득의 기둥이 되는 국민연금은 단순히 오랜 기간 가입했다고 해서 충분한 연금액이 보장되지는 않는다. 국민연금에 20년 이상 가입한 전체 수급자의 평균 연금 수령액은 월 100만 원을 넘었지만, 동일한 가입 기간에도 불구하고 월 100만 원을 받지 못하는 수급자 비중이 전체의 52%에 달한다는 통계는 이 제도의 본질을 잘 보여준다.

즉, 국민연금은 가입 기간 못지않게 얼마를 납입했는지, 즉 납입 보험료 수준이 매우 중요하다는 사실을 말해준다.

가입 기간과 납입액, 둘 다 준비해야 한다

국민연금의 수령액은 기본적으로 가입 기간과 월 납입 보험료에 비례하여 산정된다. 따라서 월 100만 원 이상의 연금을 수령하기 위해서는 가입 기간을 늘리고 납입 금액을 높이는 전략이 필요하다. 만약 과거에 국민연금을 납입하지 못한 기간이 있다면, 이를 보완할 수 있는 제도가 존재한다.

[국민연금으로 월 100만 원 받기 위한 3가지 전략]

추후납부제도 활용
보험료를 내지 못했던 과거 기간을 소급해 납부하여 가입 기간을 늘림

반환일시금 반납
과거 수령한 반환일시금을 다시 납부해 연금 가입 기간을 복원

연기연금제도 선택
보험료를 내지 못했던 과거 기간을 소급해 납부하여 가입 기간을 늘림

추후납부제도와 반환일시금 반납제도를 활용해야 한다

첫째, 추후납부제도(추납) 는 과거 보험료를 내지 못했던 기간이 있다면, 그 기간을 소급하여 납부할 수 있도록 허용하는 제도이다. 이 제도를 통해 국민연금의 가입 기간을 인위적으로 늘릴 수 있으며, 그에 따라 연금 수령액도 증가한다.

둘째, 과거에 반환일시금 을 수령했던 경우에는 반환일시금 반납제도를 활용할 수 있다. 과거 퇴사나 자영업 전환 등으로 인해 납부했던 국민연금 보험료를 일시금으로 돌려받은 적이 있다면, 해당 금액을 국민연금공단에 다시 반납함으로써 과거의 가입 기간을 복원할 수 있다. 이를 통해 총 가입 기간을 늘리고 연금 수령액도 증가시키는 것이 가능하다.

셋째, 정해진 연금 수령 개시 나이에 도달했더라도 수령을 연기하면 더 많은 연금액을 받을 수 있다. 이를 연기연금제도라고 하며, 최대 5년까지 연기할 수 있다.

연기 시에는 연기한 기간에 따라 연금액이 매년 7.2%씩 증가하기 때문에, 연금을 당장 수령하지 않아도 되는 상황이라면 연기연금제도는 수령액을 높이는 유용한 수단이 된다.

국민연금은 물가상승률을 반영하는 유일한 연금이다

국민연금은 소비자물가상승률에 따라 연금액이 자동으로 인상되는 구조를 갖고 있다. 이른바 '물가연동형 연금'이다. 반면, 사적연금은 대부분 고정금액 수령 방식이기 때문에 장기간의 물가 상승 앞에서는 실질 구매력이 감소하게 된다.

국민연금은 일생 동안 납입하는 금액이 많은 만큼, 수령 금액에서도 강력한 구조를 갖고 있다. 사적연금과 단순히 납입액을 비교하면 국민연금이 손해처럼 보이지만, 실제 수령 구조를 비교하면 국민연금이 가장 강력한 노후 보장 수단임을 알 수 있다.

사적연금은 국민연금을 보완하는 수단이지, 대체할 수는 없다. 따라서 국민연금으로 최소 월 100만 원 이상을 수령할 수 있도록 준비하지 않으면, 목표 노후소득인 월 300만 원을 달성하기 위해 사적연금에 과도한 비용을 부담해야 하는 상황이 발생할 수 있다.

퇴직연금(IRP·DC형)으로 월 100만 원을 수령하려면?
비근로자도 준비할 수 있는 퇴직연금 활용 전략

평생 월 300만 원의 연금을 만들기 위해서는 퇴직연금(IRP 포함)에서도 최소 100만 원의 수령액을 확보하는 것이 현실적인 목표이다. 이를 위해서는 퇴직연금 계좌에 최소 1억 원 이상의 자산을 마련하는 것이 중요하다. 퇴직연금 자산은 근로자가 퇴직 시 수령하는 퇴직금과 개인이 직접 추가로 납입하는 금액, 이 두 가지 경로를 통해 형성할 수 있다.

특히 퇴직금의 경우, 많은 사람이 주택 구입 자금이나 기타 목적 자금으로 선인출해 사용하는 경우가 많기 때문에, 퇴직금을 연금으로 활용한다는 인식을 미리 명확히 정립해 두는 것이 무엇보다 중요하다.

물론 특정 시점에 필요한 자금으로 퇴직금을 활용하는 선택도 가능하지만, 노후를 위한 월 300만 원 연금 목표를 달성하기 위해서는 최소한 퇴직금 중 1억 원은 연금 수령용 자금으로 확보해 두는 것이 바람직하다.

비근로자도 가능한 퇴직연금 – IRP의 적극적인 활용

퇴직연금은 근로자만 가입하거나 수령할 수 있는 제도가 아니다. 비근로자 역시 개인형퇴직연금(IRP)에 자발적으로 가입하여 노후 연금을 준비할 수 있다.

IRP 계좌에는 연간 최대 1,800만 원까지 납입할 수 있으며, 이는 연금저축 납입액과 합산하여 적용된다. 따라서 연금저축을 병행하는 경우, IRP와 연금저축을 합산한 납입 한도 내에서 전략적으로 자금을 운용해야 한다.

이미 일정한 자산을 보유하고 있는 경우에는 IRP와 더불어 ISA(개인종합자산관리계좌)를 함께 활용하는 것이 효과적이다. ISA 계좌의 연간 납입 한도는 2,000만 원으로, 최대 5년간 총 1억 원까지 납입이 가능하다. 계획적으로 납입을 진행하여 5년간 1억 원을 채운 후, 만기 시점에 ISA 계좌를 해지하고 해당 자금을 IRP 계좌로 이전하는 방식으로 노후 자금을 효율적으로 전환할 수 있다.

IRP 계좌로 자금이 이전되면, 이후에는 월 배당 ETF 등을 활용하여 매월 안정적인 수익을 창출할 수 있는 포트폴리오를 구성하는 것이 좋다. 이때 목표 분배율은 월 1% 수준으로 설정하면 연간 약 12%의 수익률을 기대할 수 있다.

인출 시점까지 여유가 있다면, 배당금을 전액 재투자하여 복리 효과를 누리는 것이 바람직하며, 바로 연금 수령을 시작해야 하는 경우에는 배당금만큼을 매월 인출하여 평생 연금으로 활용할 수 있다.

퇴직금은 어떤 계좌로 받아야 할까?

퇴직금을 수령하는 방식은 퇴직자의 나이와 퇴직금의 성격에 따라 달라진다.

[퇴직금의 종류에 따른 수령 계좌와 절세 전략]

퇴직금 종류	수령 가능한 계좌	특징
법정퇴직금 (DB·DC형)	IRP 계좌	퇴직소득세 과세, 계좌 이전 필수 (55세 미만은 IRP만)
법정퇴직금 (DB·DC형)	IRP or 연금저축계좌	분리 수령 가능, 연금저축으로 수령 시 연금소득세 적용 (3.3~5.5%)

퇴직금은 크게 법정퇴직금과 명예퇴직금·퇴직위로금으로 구분되며, 각각 수령할 수 있는 계좌가 정해져 있다. 퇴직금 수령을 앞둔 사람이라면, 관련 제도와 계좌를 정확히 이해하고 준비하는 것이 중요하다.

법정퇴직금은 DB형, DC형 퇴직금이다

퇴직금 가운데 법에 따라 반드시 지급되어야 하는 퇴직금은 법정퇴직금으로 분류되며, 일반적으로 DB형(확정급여형)과 DC형(확정기여형) 퇴직연금이 이에 해당한다. 이들 퇴직금은 모두 퇴직소득세 과세 대상이며, 수령 시점과 수령 방법에 따라 세금과 계좌 선택에 차이가 발생한다.

만 55세 이전 퇴직자는 IRP 계좌만 가능하다

퇴직금 수령 시 가장 큰 기준은 퇴직 당시의 나이이다. 만약 만 55세 이전에 퇴직했다면, 퇴직자는 법정퇴직금을 무조건 개인형퇴직연금(IRP) 계좌로 수령해야 한다. 일반 입출금 통장으로는 수령이 불가능하다. 이는 세법상 연금 수령 조건과 맞물린 조치로, 조기 퇴직자의 퇴직금을 연금화하도록 유도하기 위한 제도적 장치이다.

만 55세 이후 퇴직자는 IRP 또는 일반 통장 중 선택 가능하다

반면 만 55세 이후 퇴직자는 선택권이 있다. IRP 계좌를 통해 퇴직금을 수령할 수도 있고, 일정 조건을 충족하면 세후 금액을 일반 통장으로 일시금 형태로 수령할 수도 있다.

다만 회사마다 지급 기준이 상이하기 때문에 일반 통장 수령이 불가능한 경우도 존재하며, 이 경우 역시 IRP 계좌로 수령해야 한다. IRP 계좌로 수령을 원하는 퇴직자는 퇴직일 전후로 IRP 계좌확인서를 회사에 제출하면, 법적으로 14일 이내에 퇴직금이 계좌로 입금된다. 일반 통장으로 수령할 경우에는 퇴직소득세를 원천징수한 후 세후 금액이 지급된다.

[퇴직 시점에 따라 달라지는 퇴직금 수령 방법]

IRP 계좌만 가능
세법상 연금화 유도, 일반 통장 수령 불가

IRP 계좌 또는 일반 통장
조건 충족 시 일반 통장 수령도 가능하지만, 회사 기준에 따라 불가할 수도 있음

명예퇴직금과 퇴직위로금은 분리 수령이 가능하다

명예퇴직금과 퇴직위로금은 법정퇴직금과는 별도로 지급되는 추가적인 보상금의 성격을 띠고 있다. 이들 소득 역시 퇴직소득세 과세 대상이지만, 제도적으로는 연금저축계좌나 IRP 계좌로 각각 분리하여 수령하는 것이 가능하다.

예를 들어, 법정퇴직금이 1억 원이고 명예퇴직금이 2억 원인 경우, 법정퇴직금은 IRP로 수령하고, 명예퇴직금은 연금저축으로 이전함으로써 연금 계좌별로 세제 혜택을 최대한 활용할 수 있다. 특히 연금저축으로 이관한 금액은 55세 이후 연금으로 수령할 경우 퇴직소득세 대신 연금소득세(3.3~5.5%)가 적용되므로 절세 효과가 크다.

하지만 이러한 분리 수령은 회사와 금융회사 모두의 시스템이 분리 이전을 지원해야만 가능하다. 실제로 일부 회사나 금융기관에서는 분리 이전 처리가 불가능한 경우도 있기 때문에, 사전에 반드시 해당 가능 여부를 확인해야 한다. 이 과정을 무시하면 모든 금액이 IRP로 합산되어 이전되며, 세제 혜택 설계에 제한을 받을 수 있다.

퇴직소득을 연금화하려면 계좌의 성격을 이해해야 한다

퇴직소득을 연금 형태로 수령하려면 단순히 계좌를 만드는 것만으로는 충분하지 않다. IRP는 일정 요건을 충족하면 연금소득세로 퇴직소득세를 대체할 수 있는 장점이 있다. 또한 연금저축계좌는 별도로 추가 납입이 가능하고, 세액공제 혜택을 받을 수 있어 퇴직 후에도 지속적인 연금 설계가 가능하다.

퇴직금을 단순히 수령하는 것이 목적이 아니라, 노후 현금흐름을 만드는 전략적 자산으로 활용하고자 한다면, 수령 계좌의 선택은 매우 중요하다. 퇴직금의 종류와 수령 시점에 따라 활용할 수 있는 계좌의 특성과 세금 부담이 달라지므로, 퇴직 전 충분한 사전 상담과 준비가 필요하다.

PART 2
나만의 개인연금 투자 전략 수립하기

개인연금 적립식 분할매수와 리밸런싱은 투자의 정석

투자의 세계에서 시장을 완벽하게 예측할 수 있는 사람은 없다. 그 누구도 미래의 고점과 저점을 정확히 맞출 수 없기 때문이다. 그래서 어떤 투자 고수보다 강력한 전략이 바로 적립식 분할매수이다. 일정한 금액을 정해 정기적으로 투자하는 방식은 가격이 낮을 때 더 많이 사고, 높을 때는 적게 사게 되는 구조로 평균 매입 단가를 낮추는 효과를 준다. 이를 코스트 에버리징 효과라고 하며, 장기적인 투자 수익률을 끌어올리는 핵심 전략이다.

[적립식 분할매수의 장점 (코스트 에버리징 효과)]

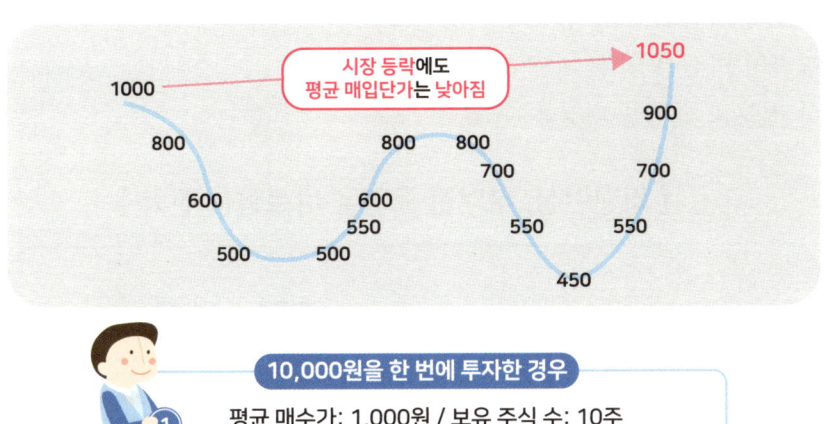

월급을 받는 직장인이라면 매달 투자 일정을 직접 관리하기보다는 월급 통장에서 자동이체를 설정해 두는 것이 효율적이다. 이렇게 하면 주가의 단기 변동에 흔들리지 않고 일관된 투자 습관을 유지할 수 있다. 특히 ISA(개인종합자산관리계좌)를 활용하면 이 적립식 투자 전략에 비과세 혜택을 더할 수 있어 투자 효율을 한층 높일 수 있다. ISA 중에서도 중개형 ISA를 선택하면 ETF나 펀드 등 다양한 자산에 직접 분산 투자할 수 있으므로, 적립식 투자와 궁합이 좋다.

리밸런싱은 투자 원칙을 지키는 가장 효과적인 방법이다

리밸런싱이란 시간이 지나면서 불균형해진 포트폴리오의 자산 비중을 처음 설정한 목표 비율로 되돌리는 작업을 말한다. 자산은 시간이 지나면서 서로 다른 수익률을 기록하게 되고, 그 결과 포트폴리오의 구조가 처음의 투자 전략과 어긋날 수 있다. 이때 리밸런싱을 통해 고평가된 자산은 일부 매도하고 저평가된 자산은 추가 매수함으로써 자산 배분의 균형을 되찾을 수 있다.

[리밸런싱, 무너진 균형을 바로잡는 전략]

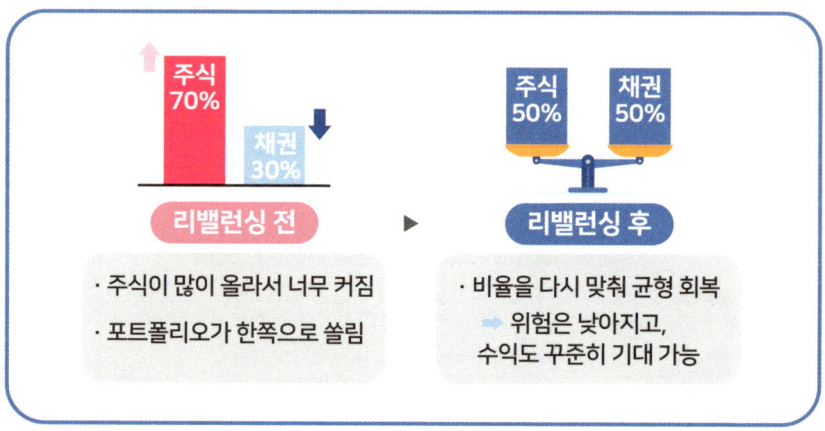

이 과정은 단지 균형을 맞추는 차원을 넘어, 고점 매도와 저점 매수의 효과까지 기대할 수 있는 전략적 투자 행위이다. 특히 위험 자산과 안전 자산의 비중을 일정하게 유지함으로써 전체적인 투자 위험을 통제할 수 있다는 점에서 리밸런싱은 필수적인 관리 전략이라 할 수 있다.

또한 리밸런싱의 주기를 설정해 둘 경우, ISA 계좌나 연금저축계좌, IRP 등 다양한 절세형 계좌 내에서도 자동화된 포트폴리오 관리가 가능해진다. 예를 들어, 중개형 ISA에서는 다양한 ETF에 투자하면서도 연 1회 정도 자산 배분을 리밸런싱할 수 있고, 이를 통해 수익률을 관리하고 리스크를 분산시킬 수 있다.

변액연금보험은 보증과 수익을 동시에 추구할 수 있는 전략적 수단이다

사적연금 중에서도 변액연금보험은 일반 펀드형 상품과는 다른 특성을 지닌다. 변액연금보험은 보험사에서 제공하는 최저 연금 보증 옵션이 탑재된 경우가 많아, 일정 수준의 연금액은 시장 상황과 무관하게 기본적으로 보장받을 수 있다. 즉, 시장 수익률이 부진하더라도 최소한의 노후 생활 자금은 안정적으로 확보할 수 있다는 장점이 있다.

하지만 여기서 끝이 아니다. 변액연금보험은 기본 보증 외에도 운용 성과에 따라 추가 수익을 추구할 수 있는 구조이기 때문에, 시장 상황이 우호적일 경우 일반 연금보험보다 훨씬 높은 연금 수령액을 기대할 수 있다. 특히 장기 투자에 적합한 주식형 펀드 비중을 일정 수준 유지하면서 적립식 분할매수와 리밸런싱 전략을 병행할 경우, 수익성과 안정성을 동시에 확보할 수 있다.

변액연금보험은 단순한 '보장성 상품'이 아닌, 포트폴리오 내에서 중요한 역할을 수행하는 투자형 연금 수단이다. 정기적인 펀드 변경과 리밸런싱을 통해 수익률을 관리하고, 일정 시점 이후에는 확정 연금으로 전환할 수 있으므로 연금 수령 구조의 유연성 또한 크다.

시장을 맞추려는 시도는 대부분 실패로 끝나지만, 전략을 세우고 그 전략을 지속적으로 실천하는 투자자는 결국 목표에 도달하게 된다.
적립식 분할매수는 코스트 에버리징 효과를 극대화하고, 리밸런싱은 위험을 통제하며 투자 전략의 일관성을 유지하게 해준다.

여기에 ISA 계좌나 변액연금보험 같은 절세형·보증형 금융 도구를 조합한다면 투자 효율은 더욱 높아진다. ISA 계좌를 통해 비과세 투자 혜택을 누리고, 변액연금보험의 최저 보증과 추가 수익 가능성을 활용한다면, 장기적인 연금 수령 전략은 훨씬 더 안정적이고 유연하게 완성될 수 있다.

결국 중요한 것은 단기적인 수익률이 아니라 시간을 '투자 편'으로 만드는 전략이다. 그 전략의 핵심은 바로 적립식 분할매수와 리밸런싱이며, 이를 토대로 구성된 나만의 투자 시스템은 시간이 지날수록 강력한 힘을 발휘하게 된다.

세제적격연금 vs 세제비적격연금, 어떤 게 유리한가

개인연금상품을 선택하는 일은 매우 중요한 일이다. 수많은 금융상품 중 어떤 것을 선택하느냐에 따라 은퇴 후의 삶이 크게 달라질 수 있다. 특히 '세제적격연금'과 '세제비적격연금' 중 어떤 것을 선택할지는 많은 이들이 고민하게 되는 문제이다. 이 글은 각각의 연금 유형이 어떤 특성과 장단점을 지니고 있는지에 대해 살펴보고, 상황에 따라 어떤 선택이 더 유리할지를 돕기 위한 가이드이다.

세제적격연금과 세제비적격연금의 개념

연금상품은 세제혜택의 존재 여부에 따라 크게 두 가지로 나뉜다. 바로 '세제적격연금'과 '세제비적격연금'이다.

[세제적격 vs 세제비적격 연금 비교]

구분	세제적격연금	세제비적격연금
세액공제	있음	없음
비과세 혜택	없음	조건 충족 시 가능
대표상품	연금저축보험, 연금저축계좌 등	연금보험, 변액연금보험 등

세제적격연금이란, 납입 시 세액공제 혜택을 받을 수 있는 연금상품을 의미한다. 다만 수령 시에는 연금소득세가 부과된다. 연간 납입금 기준 최대 600만 원까지 세액공제가 가능하며, 대표 상품으로는 연금저축보험, 연금저축계좌, 연금저축펀드 등이 있다. 일반적으로 '연금저축'이라는 단어가 포함된 상품은 세제적격 상품으로 분류된다.

세제비적격연금은 납입 시 세액공제 혜택은 없지만, 일정 조건을 충족하면 발생한 수익에 대해 비과세 혜택이 주어진다. 이 조건은 ▲계약 유지 10년 이상, ▲월 납입금 150만 원 이하 또는 일시납 1억 원 이하, ▲5년 이상 불입 등이다. 대표 상품으로는 연금보험과 변액연금보험이 있다.

어떤 연금이 더 유리한가?

연금상품 선택의 핵심은 '세액공제 혜택'과 '비과세 혜택' 중 어떤 절세 효과가 더 유리한가를 판단하는 것이다. 하지만 단순 비교만으로 결정하는 것은 적절하지 않으며, 아래의 기준을 함께 고려해야 한다.

[세제적격연금과 세제비적격연금, 선택 기준]

세제적격	선택기준	세제비적격
·자유로운 납입·중단 가능 ·일부 중도인출 허용	납입 유연성	·장기 고정납입 필요 ·중도해지 시 혜택 상실
·연 600만 원 한도 ·세액공제율 최대 16.5%	세제 혜택 기준	·월 150만 원·일시납 1억 이하 ·10년 유지 시 비과세
·세후 수령액 ↑ (환급 재투자 시 +33%)	세제 혜택 기준	·수수료·사업비 부담으로 상대적 ↓

① 납입의 유연성을 고려하자

세제비적격연금은 장기간 고정 납입이 필요하며, 비과세 혜택을 유지하기 위해 중도해지 없이 납입을 이어가야 한다. 일부 상품은 납입유예가 가능하나, 만기만 연장될 뿐 총 납입기간이 달라지지는 않는다.

반면, 세제적격연금 중 연금저축계좌는 납입 방법이 자유롭다. 납입 여력이 부족한 시기에는 일시적으로 납입을 중단할 수 있어 유연한 자산운용이 가능하다.

또한 중도인출 측면에서도 차이가 있다. 보험상품의 경우 해지환급금 한도 내에서만 인출이 가능하며, 제약이 크다. 연금저축계좌는 법적으로 인정된 사유에 해당할 경우, 낮은 세율의 연금소득세만 납부하고 인출할 수 있다.

② 불입 가능한 금액을 점검하자

세제적격연금은 연간 600만 원까지 세액공제가 가능하고, 세액공제율은 최대 16.5%이다. 반면, 세제비적격연금의 비과세 혜택은 월 납입금 150만 원 한도 또는 일시납 1억 원 이하일 때 적용된다.

자금 여력이 충분한 경우라면 두 상품을 병행하여 절세 효과를 극대화할 수 있다. 그러나 자금이 제한적이라면 세제적격 상품에 우선순위를 두는 것이 유리하다.

③ 실제 수령금액을 비교하자

한화자산운용의 시뮬레이션에 따르면, 동일한 조건(20년간 연 600만 원 불입, 수익률 6.1%)에서 연금저축계좌의 세후 수령금액은 약 2억 2,200만 원이며, 변액연금보험은 이보다 약 15% 낮다. 세액공제로 환급된 금액까지 재투자한 경우에는 연금저축계좌가 약 2억

5,500만 원으로, 변액연금보험보다 33% 더 높은 결과를 보였다.

이 차이는 수수료(사업비)와 세제효과 차이에 기인한다. 변액연금보험은 보험상품이므로 보장 기능이 포함되어 수수료가 높고, 이로 인해 실제 투자금이 줄어드는 구조이다. 따라서 동일 수익률로 운용하더라도 장기적으로 적립금 차이가 발생한다. 다만, 변액연금보험은 사망보험금, 최저보증 기능 등 부가적인 보장 기능이 있어 단순 비교는 한계가 있다.

저축(불입)기간에 따른 선택 전략

저축 가능한 기간이 길다면 수익률이 높은 상품을 선택하는 것이 유리하다. 장기간 투자 시 일시적인 손실을 회복할 수 있는 여지가 있기 때문이다. 이런 경우 실적배당형 상품이나 글로벌 자산배분형 펀드가 적합하다.

반대로 은퇴가 가까운 경우에는 손실 회복 기간이 부족하기 때문에, 금리연동형 보험이나 원금보장형 상품 등 안전자산의 비중을 늘리는 전략이 필요하다.

부록
단기납 종신보험, 왜 주목받는가

변액보험이란?

고객이 납입한 보험료를 주식, 채권 등에 **투자하여 발생한 이익을 분배하여 주는 실적배당형 보험**

 +

보험 + 펀드

변액보험 활용법

구분	가입 목적	펀드 운용	리스크
변액연금	노후 자금 마련 (연금 수령)	·안정성과 수익성 동시 추구 ·50% 이상 채권 운용	·중위험 ·연금 개시 시점 원금 보장 선택 가능
변액유니버셜 (변액적립보험)	목적 자금 마련 (목돈 수령)	·적극적인 투자 가능 ·최대 100%까지 주식 투자	·변액연금 대비 고위험 ·사망보험금은 최저 보장하지만, 투자 원금 보장 기능은 없음
변액종신	사망보험금 마련	·저축성 상품 대비 펀드 적립 비율이 낮음 ·50% 이상 채권 운용	·펀드 운영에 따라 사망보험금 변동 (최저 사망보험금 보장) ·중도해지 시 손실 가능

변액보험 펀드 운용구조

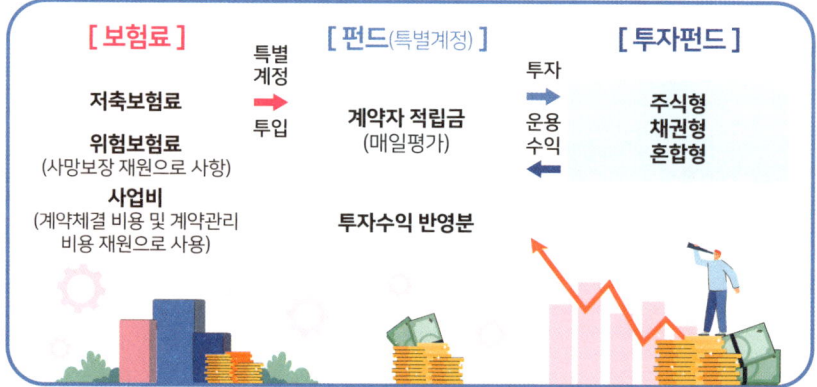

부록
실패하지 않는 변액보험 관리방법

01. 사업비가 낮고 투자수익률이 좋은 변액보험 고르기

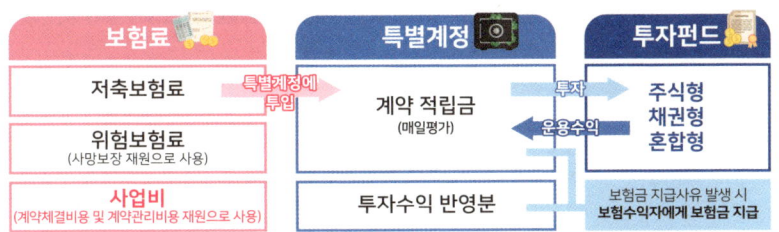

02. 변액보험 보증옵션 100% 활용하기

[변액보험의 다양한 옵션 종류]

G	M	D	B	최저 사망 보험금
G	M	W	B	최저 지급 금액 보장
G	M	A	B	최저 원금 보장
G	M	I	B	최저 연금 보증 이용

[GMAB 예시]

03. 펀드 변경 시 적립금과 투입비율 이원화 관리하기

[보험료 투입 비율 변경]

변경할 보험료 투입 비율을 선택

변경 이후 납입되는 보험료는 선택한 투입 비율대로 특정계정에서 운용

펀드명 (투자 성향)	현재 보험료 투입비율	변경 보험료 투입비율
인정혼합형(인정형)	0%	0 ▼
혼합형(종합형)	50%	0 ▼
배당혼합형(중립형)	0%	0 ▼
성장혼합형(중립형)	50%	0 ▼
합계	100%	0%

펀드 투입 비율은 "적립식"으로 투여되는 펀드운용변경입니다.

[계약자 적립금 이전]

적립금 이전 비율에 비율을 직접 입력

보유한 적립금을 선택한 비율로 나누어 펀드에 투입할 수 있는 기능

펀드명 (투자 성향)	현재 계약자 적립금		변경 보험료 투입비율
인정혼합형(인정형)	-	-	0 ▼
혼합형(종합형)	5,109,080원	39%	0 ▼
배당혼합형(중립형)	-	-	0 ▼
성장혼합형(중립형)	8,065,752원	61%	0 ▼
합계	13,174,832원	100%	0%

적립금 이전은 "거치식"(목돈)의 펀드운용변경입니다.

부록
연금저축과 비과세저축 차이

	세제적격	세제비적격
금융상품	연금저축보험	변액연금, 일반연금
혜택	세액공제	비과세
세액공제	연간 600만 원 내 16.5% (IRP활용 시 900만 원) *급여 5,500만 원 초과 시 13.2%	해당 안 됨
비과세	해당 안 됨	연간 1800만 원 1) 적립식 2) 5년납 이상 10년 유지 *단, 55세 이후 수령하는 종신형 연금인 경우 비과세한도 없음
연금 소득세	·55~69세 : 5.5% ·70~79세 : 4.4% ·80세 이상 : 3.3%	없음
연금 외 수령 시 세금	16.5%	없음
연금 개시나이	55세 이후	45~80세 (상품별 상이)
연금 지급기간	확정형	확정형, 종신형, 상속형

부록
실패하지 않는 변액보험 관리방법

펀드 자동재배분 기능

계약자 적립금을 **계약체결 시** 또는 **계약변경 시** **선택한 펀드비율로 자동 변동**해 주는 기능

✓ 펀드 자동재배분기능은 변동성이 클 때 효과가 큽니다.

최저보증 옵션

최저 보험금을 보증해 주는 변액보험의 옵션 기능

변액보장성상품	변액저축성상품(변액연금)
GMDB	GMDB	GMAB

※ GMDB : 최저사망보험금보증 / GMAB : 최저적립금보증

✓ **가입한 상품의 보증옵션 기능**을 파악합니다.
(다양한 보증옵션 기능이 존재, 보증옵션수수료 파악)

중도인출 및 추가납입

✓ **변액보험의 유니버셜 기능**이 있는 상품은 **중도인출 및 추가납입이 가능**합니다.

보험과 연금, 제대로 설계하는 법

발행일 2025년 10월 01일

지은이 강석훈, 민애진, 손미현, 송윤석, 유승훈, 이상현, 이영직
펴낸이 남성현

편집·디자인 (주)에프피하우스

펴낸곳 (주)에프피하우스 **출판등록** 2024년 7월 4일(제2024-000015호)
주소 부산광역시 남구 수영로 312, 2028호
전화 1566-4875

ISBN 979-11-94967-11-8 (종이책)   979-11-94967-10-1 (전자책)

· 인쇄·제작 및 유통상의 파본 도서는 구입하신 서점에서 바꿔드립니다.
· 이 책의 전부 또는 일부 내용을 재사용하려면 반드시 사전에 저작권자와 (주)에프피하우스의 동의를 받아야 합니다.